PETITE BIBLIOTHÈQUE

ÉCONOMIQUE ET PORTATIVE,

OU

COLLECTION

DE RÉSUMÉS

SUR

L'HISTOIRE ET LES SCIENCES,

PAR

UNE SOCIÉTÉ DE SAVANS ET DE GENS
DE LETTRES.

à 60 cent. le vol.

pour les Souscripteurs, et 75 c. séparément.

21e livraison.

HISTOIRE DU CONSULAT
ET DE L'EMPIRE.

PARIS,

DAUTHEREAU, LIBRAIRE,

Grande cour du Palais-Royal.

1826.

BIBLIOTHÈQUE

Economique.

TOME XXIV.

IMPRIMERIE DE CASIMIR,
rue de la Vieille-Monnaie, n° 12.

HISTOIRE
DU CONSULAT

ET

DE L'EMPIRE.

L'instruction est l'amie de tous.

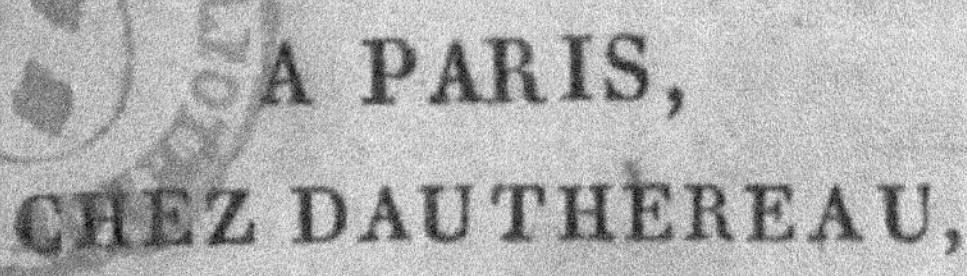

A PARIS,

CHEZ DAUTHEREAU,

A LA LIBRAIRIE AU RABAIS,

Grande cour du Palais-Royal, côté du Théâtre-
Français, n° 21 *bis.*

1826.

HISTOIRE

DU CONSULAT

ET

DE L'EMPIRE.

———

L'histoire du consulat et de l'empire est, à proprement parler, celle d'un homme. Bonaparte, dès qu'il se fut élevé au poste le plus éminent de l'État, rapporta tout à sa personne ; il se substitua à la patrie. Tout ce qui, depuis quelques années, se faisait par le peuple et pour le peuple, ne se fit plus que par lui et pour lui ; en un mot, il eut pour but, dans tous ses actes, de détourner la révolution française au bénéfice de son ambition.

A cette époque, il existait des réputations plus vieilles, à la vérité, que la sienne, mais il n'y en avait point de si éclatante. « Il avait déjà, selon ses « propres expressions, livré vingt ba- « tailles rangées, et dans toutes il « avait été victorieux. Il avait conquis « l'Italie, dicté la paix au roi de Sar- « daigne, au roi de Naples, au pape, « à l'empereur d'Allemagne, à vingt « lieues de Vienne; négocié à Rastadt « la reddition de la ville forte de « Mayence; créé plusieurs républi- « ques, et levé près de trois cents mil- « lions de contributions..... Il avait « envoyé, à Paris, trois cents chefs- « d'œuvre des Médicis; il avait con- « quis l'Égypte, et y avait établi la « puissance française sur une base « solide, après avoir surmonté ce qui, « d'après Volney, était la plus grande « difficulté, celle de concilier les pré- « ceptes de l'Alcoran avec la présence « d'une armée étrangère. »

Quoiqu'il eût, dans diverses négociations, déployé une grande habileté politique, il n'était néanmoins encore renommé que comme guerrier. Suppléer l'artillerie par le choix du terrain, la cavalerie par les manœuvres, le nombre par la rapidité des marches; attaquer par masses compactes les forces divisées de l'ennemi, telle avait été sa méthode stratégique, dont la mémoire de Carnot réclame l'initiative. Frapper au cœur les États, en attaquant les capitales, où se concentre en quelque sorte leur existence, telle devait être, dans la suite, la politique de sa stratégie.

Toute sa vie politique, jusqu'au 18 brumaire, avait été, en apparence au moins, empreinte du patriotisme le plus pur. Ce jour il cessa le véritablement grand homme, pour commencer l'homme puissant.

Un esprit contre-révolutionnaire, aux yeux des hommes restés fidèles aux principes, mais seulement conciliant à ceux de la masse qui commençaient à s'en rassasier, avait dirigé les actes du gouvernement provisoire. Il s'était empressé d'abroger la loi odieuse des *otages*, et celle, plus odieuse encore, de *l'emprunt forcé*. Il avait rendu au catholicisme une protection spéciale, et commencé d'affecter, pour la religion des théophilanthropes, une répugnance dédaigneuse qui, prolongée avec calcul, devait la tuer dès son berceau. Il avait rouvert à une multitude d'émigrés les portes de la France, et aboli le serment de haine à la royauté. Le triumvirat consulaire avait en outre, dès les commencemens de son existence, qui dura quarante-cinq jours, essayé de prolonger son coup d'état, en déportant les plus énergiques de ses adversaires; mais il s'était vu contraint de reculer devant l'improbation, hautement manifestée, de l'opinion publique.

La nouvelle constitution secrètement élaborée, ou plutôt consentie, par une commission composée de conjurés du 18 brumaire, fut enfin promulguée. Elle livrait à Bonaparte un pouvoir plus étendu que celui que donnait à Louis XVI la constitution de 1791. Aussi lui fait-on dire, dans les mémoires publiés en son nom, que *son règne commença du moment où il fut revêtu du titre de premier consul.*

Il nomma, pour *seconds consuls*, en vertu du pouvoir qu'il s'en était fait donner, l'ex-conventionnel Cambacérès, et l'ex-sur-intendant Lebrun, tenant l'un et l'autre à l'ancien régime; le premier, par ses goûts aristocratiques; le second, par ses liaisons.

L'installation du consulat et du sénat conservateur eut lieu le 3 nivose, an VIII, celles du tribunat et du corps législatif, le 11 du même mois (1er janvier 1800).

Bonaparte devait quelque temps encore se parer des couleurs de la révolution, dont il avait intérieurement dépouillé l'esprit. « Ses idées, comme « il nous l'apprend lui-même, étaient

« fixées ; mais il lui fallait, pour les
« réaliser, le secours du temps et des
« événemens. Le consulat accoutu-
« mait à l'unité, et c'était un premier
« pas... La sagesse était de marcher à
« la journée, sans s'écarter d'un point
« fixe. » On devine aisément que ce
point fixe était son élévation au-dessus
de tous les pouvoirs et de toutes les
lois.

Bonaparte avait lui-même nommé
ses deux collègues, ou plutôt ses deux
aides-de-camp politiques. Ceux-ci
avaient nommé la moitié du sénat, qui,
après s'être complété lui-même, avait
nommé les membres du tribunat et du
corps législatif. On voit que le premier
consul, en rejetant le titre de *grand
électeur*, s'en était réservé l'influence.
Cependant, pour retenir dans sa dépendance ces grands corps organiques
qu'il n'osait point ne pas admettre
dans le nouveau mécanisme consti-
tutionnel, il en rendit les membres
éligibles à toutes les fonctions. Il aug-

menta le nombre des principaux emplois, en créa de nouveaux, les rétribua
largement, et en fit la récompense de
la docilité. La munificence devint son
principe de gouvernement, comme
l'économie avait été celui des républicains. Par ce moyen, il attacha à sa
fortune toutes les notabilités qui furent à vendre dans les différens partis.
Il dit à tous : « J'ai ouvert un grand
« chemin ; qui marchera droit sera
« protégé ; qui jettera à droite ou à
« gauche sera puni. »

Il établit bientôt sa résidence aux
Tuileries, où son épouse, femme douée
sans contredit de beaucoup de quali-
tés privées, mais ambitieuse et vaine à
l'excès, relève le luxe, et autant qu'il
est en elle, le ton et les manières de
l'ancienne cour.

Bonaparte tourne ensuite ses regards
vers l'armée : c'est par des victoires
qu'il compte consolider et étendre son
pouvoir. La barrière des Alpes est le
seul point de nos frontières qui soit

menacé. Il y vole ; se met à la tête d'une armée, dont les divisions se sont formées en route ; la transporte pour ainsi dire à la cime du Saint-Bernard ; descend avec elle en Italie ; fait, au moyen d'un stratagème digne d'Annibal, passer toute son artillerie dans un défilé à une portée de pistolet du fort de Bard, occupé par nos ennemis, et entre le 2 juin à Milan, tandis que les espions de l'étranger attendent sous les murs de Dijon (où l'on a pompeusement annoncé qu'elle aura lieu) la réunion des troupes qu'il doit guider.

Celui qui avait dit aux schéiks de l'Égypte : « Dites au peuple que nous « sommes de *vrais musulmans* ; n'est- « ce pas nous qui avons détruit les « chevaliers de Malte ? » dit alors aux Italiens : « Les Autrichiens se disent « les défenseurs de votre foi, et ils vous « amènent un régiment d'Anglais, qui « brûlent le pape une fois l'an, des lé- « gions de Russes, hérétiques et schis- « matiques depuis le quinzième siècle,

« et pour couronner l'œuvre des ma-
« hométans, race d'infidèles, tandis
« que *moi, je suis catholique* ; j'ai com-
« battu les Turcs ; *je suis presqu'un*
« *croisé.* »

L'ennemi surpris est d'abord battu,
le 9, par le maréchal Lannes, dans la
plaine de Montebello. Le 11, il se trouve, dans celle de Marengo, en présence
du premier consul. Sa supériorité numérique lui donne d'abord l'avantage,
mais le sang-froid, l'habileté de Bonaparte, et, surtout l'arrivée de Desaix
à la tête d'une division de cavalerie,
envoyée la veille en reconnaissance,
changent la face du combat, et pro-
curent aux Français la victoire la plus
complète. La réoccupation de Gênes,
que la famine les a tout récemment
contraints d'évacuer, du Piémont, des
légations, de la Lombardie, en est le
prix. Le vainqueur, après avoir dicté
cette condition, d'un armistice, qu'il
accorde à l'Autriche, et avoir commandé à la constitution de la républi-

que italienne, des modifications con-
formes à ses vues ambitieuses, revient
à Paris, où l'on a à peine eu le temps de
remarquer son absence. Il y est l'objet
de l'enthousiasme universel. A la nouvelle de son retour, tout s'émeut ; les
travaux cessent ; le peuple se porte en
foule aux Tuileries et fait retentir l'air
de ses acclamations : le soir, toutes les
maisons sont spontanément illuminées.

Ce fut peu de temps après que le pré-
tendant (depuis Louis XVIII) écrivit
au premier consul, une lettre flatteuse
dans laquelle il l'engageait à lui resti-
tuer *sa couronne*. Le comte d'Artois
lui députa même, pour l'y déterminer,
la belle duchesse de Guiche, mais sans
succès. Bonaparte leur fit, de son côté,
proposer de renoncer à leurs prétentions au prix d'une forte pension an-
nuelle ; c'était marchander leur titre :
ils refusèrent.

Cependant les armées du nord, dirigées par Moreau, s'enflamment au récit des prodigieux succès obtenus par

celle d'Italie. Elles imposent aussi au cabinet autrichien, leur armistice, à la suite de plusieurs victoires qui l'ont portée au centre de la Bavière. Des conférences ouvertes à Lunéville (le 11 février 1801), doivent bientôt conduire à une paix définitive, qui, outre la confirmation des avantages précédemment acquis à la France, lui donnera tout le territoire de la rive gauche du Rhin, depuis la Suisse jusqu'à la Hollande, et stipulera la reconnaissance des républiques *Helvétique et Batave.*

D'ardens républicains, pénétrant les projets du premier consul, résolvent de prévenir, en le poignardant, l'asservissement de la patrie ; mais leur conjuration est découverte. Ils sont condamnés à mort et exécutés. Leur mauvais succès ne décourage point les royalistes. D'après leur calcul, assez fondé en raison, ils ne voient plus à la révolution qu'une seule tête : ils s'imaginent que, s'ils parviennent à l'abattre, ils seront vainqueurs, et our dissent dans ce but le plus exécrable complot. Le 24 décembre, un tonneau rempli de poudre et de mitraille, et placé au coin de la rue Saint-Nicaise, sur la route que le chef du gouvernement parcourt ce jour-là pour se rendre à l'Opéra, doit éclater à son passage. Heureusement l'explosion n'a lieu que lorsque sa voiture est hors d'atteinte. Une trentaine de personnes sont tuées ou blessées, soit dans la rue, soit dans les maisons. Tel fut l'effet de cette meurtrière machine, justement nommée *infernale*. Bonaparte l'attribua aux républicains. Il résolut sur-le-champ de déporter ceux qui lui semblaient les plus à craindre, et persista dans cette détermination, lors même que Fouché, son ministre de la police, lui eut fait connaître les vrais coupables (Saint - Réjan , Imolan, Carbon), tous trois émigrés et anciens chefs de chouans.

Peu de temps après ces événemens, le premier consul obtint du corps législatif le rétablissement des cours prévôtales, sous le titre de *tribunaux criminels spéciaux*. Le respect que nous professons pour la vérité nous oblige à dire qu'il usa modérément de cette arme inconstitutionnelle, qu'il avait invoquée contre les brigandages de la chouannerie.

Cependant la France prospérait à l'extérieur. Son chef étendait par des traités les limites de son territoire. Il acquérait sur l'Espagne le duché de Parme; sur le roi de Naples, la principauté de Piombino, Porto-Longone et cette île d'Elbe, qui alors n'obtint peut-être de son ambition qu'un regard de dédain, et qui plus tard doit être son seul domaine, la seule possession qu'il conservera de tant d'États. Il signa la paix, le 24 août, avec la Bavière; le 29 septembre, avec le Portugal; le 8 octobre, avec la Russie, et le 9 du même mois, avec la Porte ottomane. Mais il conclut avec le souverain pontife un pacte bien plus im-

portant, sous le rapport de ses consé-
quences morales, le concordat. Cet
acte par lequel le culte catholique re-
conquit en France une partie de son
ancienne influence, fut diversement
jugé. Les républicains le reprochèrent
à son auteur comme une mesure contre-révolutionnaire, et les philosophes
comme un crime de lèse-civilisation.
Fox, lors de son voyage en France,
et plus tard Wielland, lui deman-
dèrent pourquoi il n'avait pas au moins
donné à ce culte, puisqu'il avait tant
fait que d'intervenir pour son rétablissement, une direction plus appro-
priée aux lumières du siècle. Il en
donna au premier pour raison, les obs-
tacles que lui eussent opposés les théo-
logiens; il répondit au dernier : « Si
« je devais faire une religion pour les
« philosophes, elle serait tout oppo-
« sée à celle des gens crédules.... Les
« philosophes ne croient ni *en moi*,
« ni en *mes prêtres*. Quant à ceux qui
« croient, on ne saurait leur laisser

« trop de merveilles. » Il dit encore
ailleurs : « L'homme a besoin du mer-
« veilleux. Il vaut mieux qu'il le trou-
« ve dans la religion que chez made-
« moiselle Lenormand (1) ; » mais il
devait dire en outre : « Né chez un
« peuple corrompu, assujetti, com-
« primé, le christianisme prêcha la
« soumission et l'obéissance pour dé-
« sintéresser les souverains ; » et ce fut
là, à notre jugement, sa raison déter-
minante.

D'ailleurs, « en arborant, comme il
le dit, la bannière protestante, » ou en
créant, pour l'opposer au pape, un pa-
triarche national, ainsi qu'on le lui
proposait, il donnait naissance au schis-
me, s'affaiblissait par conséquent au
dedans, et au dehors aliénait de lui
la superstitieuse Italie, que déjà il regardait comme le plus bel annexe de

* Célèbre tireuse de cartes qui, dit-on, avait
prédit un trône à la jeune Joséphine de la Pagerie,
devenue femme de Napoléon après avoir été celle
du général Beauharnais.

son futur empire. Il devait même avant
peu se faire décerner par la *consulta*,
réunie à Lyon, la présidence de la république qu'il avait fondée quelques
années auparavant dans cette contrée.

Bientôt il élimina du tribunat les
voix les plus courageuses, déblayant
la route du souverain pouvoir de tout
ce qu'il prévoyait devoir s'opposer à sa
marche usurpatrice.

La paix d'Amiens, par laquelle
l'Angleterre restituait les conquêtes
qu'elle avait faites sur la France et ses
alliés depuis dix années, compléta la
pacification de l'Europe. Pendant les
conférences qui la préparèrent, le
gouvernement anglais fit offrir au premier consul, par son ambassadeur à
Paris, lord Withword, de l'aider à
relever pour son propre compte le
trône de France; mais, trop bon politique pour acheter aux dépens de sa
popularité un avantage qu'il ne pouvait conserver sans elle, il aima mieux
attendre, et il répondit : « Si la na-

« tion française ne m'élit pas roi, je
« n'emploierai jamais l'influence an-
« glaise pour le devenir. »

L'allégresse universelle fut à peine
un instant troublée par la nouvelle
qu'une expédition partie l'année pré-
cédente sous les ordres du général Le-
clerc, beau-frère du premier consul,
dans le but de réconquérir Saint-Do-
mingue, avait complétement échouée,
et que quarante mille hommes qui la
composaient étaient presque tous
tombés victimes du climat dévorant
de cette contrée lointaine. De nouveaux
efforts, tout aussi infructueux, doivent être faits sur les instances de madame Bonaparte, trop facile protec-
trice des colons dont elle est la compatriote. Une autre expédition envoyée,
encore à sa sollicitation, contre la
Guadeloupe, a été plus heureuse. Elle
a obtenu le triste honneur de ratta-
cher la population noire de cette île
à la chaîne de l'esclavage qu'elle avait
secouée.

La protection de madame Bonaparte ne fut pas moins utile à l'aristocratie qu'aux colons ; et, il faut le dire
aussi, le penchant ou la politique mal
entendue de son époux la secondait
merveilleusement. Non-seulement il
rappela en foule les nobles qui avaient
fait partie de l'*émigration armée*, mais
encore il en éleva plusieurs aux principaux postes de l'État. Il rendit même
à quelques-uns celles de leurs propriétés confisquées, qui n'avaient pas
été vendues ; mais il se lassa bientôt de
cette générosité, quand il s'aperçut
qu'elle était de sa part toute gratuite.
« Tel, dit-il, à qui, grâce à ses mille
« courbettes, nous avions rendu cin-
« quante mille écus, cent mille écus de
« rente, ne nous tirait plus le chapeau
« le lendemain. » Pourquoi s'en étonner ! n'étaient-ils pas illustres de par
leur extrait baptistaire ? pouvaient-ils
se croire tenus à quelque chose envers
celui qu'ils appelaient dédaigneusement un *soldat parvenu* ? Bonaparte

ne s'en tint pas à relever l'ancienne
noblesse. Il voulut en avoir une qui
lui fût propre, et dans ce but il pro-
posa au pouvoir législatif l'établissement d'un ordre du mérite civil et militaire, qui eut ses grands-croix, ses
commandans, toute la hiérarchie des
anciens ordres, et auquel il donna le
nom de *Légion-d'Honneur*. Quelques
voix s'élevèrent du sein du tribunat
contre cette institution aristocratique:
« Sans doute, dit l'ex-marquis Chau-
« velin, il faut effacer les distinctions
« nobiliaires aux yeux de ceux qui
« les remarquent encore, mais les ef-
« facer et non les couvrir ; les anéan-
« tir et non les remplacer ; les détruire
« par les principes et non les combat-
« tre par d'autres préjugés. » Malheureusement, déjà, toutes les paroles
d'opposition se brisaient infructueuse-
ment contre l'inflexible volonté du
chef ou plutôt du maître de l'État.

Il n'y avait pas plus de trois mois
qu'il régissait la France, lorsque le sé-

nat prorogea son pouvoir de dix années. Ce n'était point assez encore pour
son ambition. Il fit présenter à l'acceptation du peuple, par ses deux collègues en sous-ordres, les consuls Cambacérès et Lebrun, le décret du sénat
modifié ainsi qu'il suit : « Napoléon
« Bonaparte sera-t-il consul à vie ? »
Sur la réponse affirmative de plus de
trois millions de citoyens ou plutôt
de sujets, il se résigna au *nouveau sacrifice qui lui était commandé* par le
vœu du peuple.

A l'imitation de leur chef, les différens corps de l'État concourent à
l'envahissement des libertés publiques.
Le sénat, dont la moitié nommée par
les deux consuls subalternes, nommés
eux-mêmes par Bonaparte, s'est com-
plétée elle-même, ainsi que nous l'a-
vons dit, ose bien se proclamer le *moi
personnel de la nation*, et en conséquence, s'arrogeant l'*exercice de la
souveraineté du peuple*, décide qu'il
n'est pas besoin de soumettre à son

acceptation les modifications qu'il vient de faire à la constitution de l'an VIII.

La mauvaise foi du gouvernement britannique préparait dès-lors la rupture de la paix d'Amiens. Elle éclata le 22 mai. Il ne fallut à nos troupes que quelques jours pour conquérir le Hanovre et y faire prisonnière l'armée anglaise, forte de dix-huit mille hommes. Sans la rupture de la paix d'Amiens, Bonaparte « allait se donner uniquement à l'administration de la France ; il eût fait la conquête morale de l'Europe, comme il a été sur le point de l'accomplir par les armes. » C'est du moins ce que lui-même nous assure dans ses mémoires. Serait-ce donc au machiavélisme de la politique anglaise que la France et même l'Europe durent le malheur de le voir persévérer dans sa marche liberticide ? Quoi qu'il en soit, le corps législatif reçut à quelque temps de là une organisation nouvelle qui le dépouillait du peu de vie

que lui permettait sa constitution pri-
mitive. C'est aussi de cette époque que
date le premier essai de ce fameux système de blocus continental, dont la
gêne imposée au commerce de l'Angleterre devait par ses effets politiques réagir contre son auteur.

Les premiers jours de l'an 1804 ré-
vélèrent une conspiration formidable,
ourdie contre la vie, ou tout au moins
contre l'autorité du premier consul.
L'ex-chef de chouans Georges Ca-
doudal, l'ex-général républicain Pichegru, en formaient la tête. Moreau,
dont le front resplendissait encore des
lauriers cueillis à Hohenlinden, s'y
était laissé entraîner par l'influence de
son épouse, l'amie naguère et la pro-
tégée de Joséphine, dont elle était la
compatriote, mais qui, vaine comme
elle et non moins ambitieuse, ne voyait
pas sans jalousie son élévation. Par-
tageant d'ailleurs les penchans aristocratiques de madame Bonaparte, elle ne
désirait rien tant que le rétablissement

de l'ancien ordre de choses. La masse des conjurés, au nombre d'environ soixante, se composait de chouans ou d'émigrés obstinés. Parmi ces derniers on remarquait les ducs de Polignac et le marquis de Rivière.

Georges et le plus grand nombre de ses complices doivent expirer sur l'échafaud; Pichegru s'y soustraira avant peu par un suicide; Moreau, condamné comme non révélateur à deux ans seulement de détention, verra son rival devenu empereur, commuer sa peine en un exil, qu'il ira passer sur le sol libre de l'Amérique; MM. de Polignac, de Rivière et quelques autres, devront leur grâce à leur haute position sociale ou à des recommandations puissantes.

Aigri par la découverte de ce complot, Bonaparte se laissa entraîner à un acte de politique ou plutôt de colère, qui souleva contre lui beaucoup d'indignation. Un prince du sang royal, le jeune duc d'Enghien, rési-

dait sur le territoire de Bade, à quelques lieues de notre frontière. On as-
surait qu'il l'avait franchie, qu'il avait
paru à Strasbourg, et était même venu jusqu'à Paris; ces démarches semblaient se lier à la conspiration de
Georges, et l'on ajoutait que, si elle
n'avait été déjouée, il devait pénétrer
par l'est, tandis que le duc de Berri
débarquerait de l'ouest. « Lui et les
« siens, dit le captif de Sainte-Hélè-
« ne, n'avaient d'autre but journalier
« que de m'ôter la vie. J'étais assailli
« de toutes parts et à chaque instant...
« Je m'en lassai, et je saisis l'occasion
« de leur renvoyer la terreur jusque
« dans Londres. » Le jeune prince fut
enlevé le 15 mars, conduit à Vincen-
nes, jugé et condamné à mort à l'una-
nimité des voix, par une commission
militaire, le 20 du même mois, et, par
une précipitation inexcusable, fusillé
sur-le-champ. On dit qu'il avait, au
moment de sa condamnation, écrit au
premier consul une lettre dans la-

quelle il renonçait, pour sa part, aux prétentions de sa famille, et offrait même de servir fidèlement désormais le nouveau gouvernement. Malheureusement lorsque cette lettre fut remise il était trop tard. Napoléon dit dans ses mémoires que, s'il l'eût reçue à temps, bien certainement il aurait pardonné; et il ajoute : « La mort du « duc d'Enghien doit être éternelle- « ment reprochée à ceux qui, entraî- « nés par un zèle criminel, n'attendi- « rent pas les ordres de leur souverain « pour exécuter le jugement de la com- « mission militaire. »

On n'entendra plus désormais, jusqu'en 1812, parler de conspiration; s'il en apparaît quelqu'une, on l'étouffera, autant que possible, dans le secret. Telle sera la politique du chef de la France : « L'Europe, dira-t-il, doit « savoir qu'on ne conspire pas contre « moi. »

Vers le temps des événemens que nous décrivons, le premier consul supprima deux établissemens religieux, fondés par les jésuites, qui cherchaient à se glisser en France, sous le titre de *paccanaristes* et de pères de la foi. On voit qu'il n'étendait pas jusqu'aux moines la protection qu'il accordait au catholicisme ; il les regardait comme un *déshonneur pour la race humaine*, et il n'eût certes, dans aucun cas, favorisé ce qu'il nommait *l'oisiveté abrutissante des cloîtres.*

Cependant le sénat, prétendu *conservateur*, prenant occasion des complots multipliés que la haine de deux partis extrêmes dirige contre les jours du premier consul, le prie par une adresse confidentielle, *d'éterniser l'ère qu'il fonde et de tranquilliser la France en lui donnant des institutions qui prolongent pour les enfans ce qu'il a fait pour les pères.* Un tribun, nommé Curée, qui, lors de la violence du 18 brumaire, avait dit que la *foudre aurait dû en écraser les auteurs*, s'empare de cette insinuation du sénat et la développe. Il ose proposer à ses collègues de rétablir, en faveur du *suprême magistrat*, le système monarchique, et est accueilli par les accens d'un servile empressement; Carnot seul fait entendre une voix fidèle à la république. Enfin, le 18 mai, le sénat, ayant le second consul, Cambacérès, en tête, se rend à Saint-Cloud pour y proclamer solennellement, Napoléon Bonaparte, *empereur héréditaire*.

Ici finit l'histoire du gouvernement consulaire. Si beaucoup de ses actes furent dirigés vers le but de la prospérité privée de son chef, beaucoup aussi n'eurent d'autre intention que l'utilité de la France, et furent empreints d'un esprit de grandeur, d'ordre et de sagesse.

L'immortelle campagne de 1800; l'abrogation de la loi des otages, de celle de l'emprunt forcé; l'établissement de la banque de France; la pacification de la Vendée, fruit d'une habile négociation; la clôture définitive de la liste des émigrés; des voyages d'un but scientifique aux Terres Australes; la réorganisation de l'Institut; la création d'un système d'instruction publique, excellent dans son origine, mais que doit gâter l'amalgame des vues militaires de Napoléon et de l'esprit monastique du grand-maître Fontanes; l'ouverture des travaux de la dérivation de l'Ourcq, qui répandra dans Paris, quantité moyenne, 648,000 muids d'eau par jour; l'établissement de plusieurs canaux, ouvrant au commerce de nouvelles communications, à l'agriculture de nouveaux débouchés; la réunion des lois civiles en un code; enfin, un grand nombre de traités avantageux à la France, couronnés un instant par une pacification générale, sont autant d'actes auxquels personne ne refusera un juste tribut d'éloges.

Le concordat, le système de blocus continental, l'institution de la Légion-d'Honneur, celle des préfets, ces petits souverains des départemens, demeure-

ront long-temps des objets de contro-
verse entre ceux qui s'occupent de
législation.

Mais les actes auxquels nul ne donnera son approbation, ce sont la dis-
persion des élus de la nation par la
force des armes; les modifications suc-
cessives, apportées à la constitution
par le chef du gouvernement à chaque
phase de son ambition, à chaque accroissement de son pouvoir; les dé-
portations sans jugement, la fixation
du nombre des journaux; une plus
grande extension donnée à l'institution immorale de la loterie, supprimée
en 1793, mais rétablie quatre ans après;
l'établissement des tribunaux spéciaux;
la loi qui, dans une partie de nos co-
lonies, maintint l'esclavage, et auto-
risa la traite des noirs; celle qui, pour
assurer la *liberté de la presse*, soumit
tout ouvrage à une *censure* préalable;
le rétablissement des droits réunis;
l'exécution du duc d'Enghien.

Il nous est pénible de le dire, la

conduite politique de Napoléon, pendant le consulat, blessa le vœu comme l'intérêt public. Le premier consul trompa la confiance que la nation lui avait accordée, malgré son usurpation violente. Il concentra dans ses mains, comme font tous les gouvernemens despotiques, au lieu de les extirper, ceux des abus qu'il crut utiles à ses projets, de quelque régime qu'ils vinssent.

Napoléon, créé empereur le 18 mai, créa, dès le lendemain, des *princes* et des *princesses du sang* (ses frères et ses sœurs); des maréchaux (tous les généraux qui avaient commandé en chef); un *archi-chancelier* (Cambacérès); un *archi-trésorier* (Lebrun). Il établit encore un grand-maître de la garde-robe, des écuyers, des pages, des gentilshommes de la chambre, tout le gothique entourage de l'ancienne cour. Il ordonna qu'on donnerait le titre d'*altesse impériale* aux princes du sang, d'*altesse sérénissime* aux grands dignitaires, de *monseigneur* aux ma-

réchaux, d'*excellence* aux ministres.
En un mot, la tête de l'ancien régime
fut reconstituée d'un seul coup. Par
un singulier amalgame d'expressions
contradictoires, les décrets qui firent
connaître à la France ce grand pas rétrograde de notre civilisation politique,
furent signés de *Napoléon, empereur
des Français, par la grâce de Dieu et
les constitutions de la république.*

Cependant les adresses d'adhésion à
la cinquième des métamorphoses qu'a-
vait subies depuis 1791 la constitution française, arrivèrent de toutes
parts. Les préfets furent les premiers
à donner le signal, qui fut bientôt
suivi par les autorités municipales, par
les cours de judicature, par le clergé.
Ce dernier corps se distingua princi-
palement par la servilité de ses expressions : « *Un Dieu et un monarque*,
« s'écriait l'archevêque de Turin, com-
« me le Dieu des chrétiens, est le seul
« digne d'être adoré ; vous (Napo-
« léon) êtes le seul digne de comman-

« der aux Français. » Selon d'autres, le nouveau souverain est *l'homme de la religion* ; un *autre Moïse*, le *doigt de Dieu* ; *l'homme de sa droite* ; un *nouveau Cyrus* ; un *nouvel Auguste* ; un *nouveau Matathias*, envoyé, par le *Seigneur. Il est généreux comme le pieux Onanias. L'image de son gouvernement accompli est tracé dans le règne de Josaphat.* Il n'est pas, en un mot, un ecclésiastique un peu élevé en dignité, qui ne lui envoie sa part d'encens.

Ce ne fut pas assez pour Napoléon de s'être fait déférer, dans la forme, la souveraineté qu'il exerçait déjà de fait, et d'être assuré désormais de la transmettre héréditairement à sa famille ; il eut encore la vanité de vouloir lutter avec ceux qu'il nommait les *légitimes* par la splendeur et le ton de sa cour. Il nous apprend lui-même qu'il descendit de sa grandeur réelle jusqu'à se faire une occupation sérieuse d'un aussi futile objet. Il recueillit tout ce qu'il put des illustrations de l'ancienne cour qu'il amalgama avec les dignitaires de création récente ; enfin, pour compléter son œuvre, il exhuma des archives des temps barbares le code d'une puérile étiquette. Soit vanité, soit qu'il y croie sa puissance intéressée, il descend au niveau des monarques vulgaires, mais il ne doit pas tarder beaucoup à s'en relever.

Un grand projet l'occupe. Il ne songe à rien moins qu'à attaquer dans son centre la puissance britannique ; au moyen d'une flottille de deux mille parmes, péniches, bateaux plats, il doit, sous la protection de la presque totalité de nos forces maritimes, jeter sur le sol anglais une armée de deux cent mille guerriers ; maître de Londres après une seule bataille, qu'il compte bien gagner, il se propose d'y proclamer *la liberté* et *l'égalité*, de *délivrer* la nation anglaise *d'une aristocratie perverse et corrompue, de rétablir la démocratie*, en un mot d'exécuter chez les Anglais tout le contraire de ce qu'il fait en France, et cela dans le seul but de jouir de *leur bonheur et de leur prospérité*. Telle est la substance de ses révélations à cet égard. La faute de ses amiraux, dont l'un fit, par l'impéritie de ses dispositions, anéantir à Trafalgar, presque tout ce qui restait de la marine française, et surtout une nouvelle coalition du Nord que l'Angleterre *lui jeta sur le dos*, le contraignirent d'ajourner indéfiniment ses projets. Mais, avant de suivre de nouveau Napoléon sur les champs de bataille, nous devons mentionner deux actes remarquables de sa politique : son sacre, et une nouvelle métamorphose constitutionnelle des États républicains de l'Italie.

Le souverain pontife, séduit, à ce qu'on prétend, par la promesse de quelques avantages temporels, ne dédaigna pas de venir lui-même consacrer à Paris la puissance de celui que le clergé français avait déjà appelé *l'élu du ciel*.

Le sénat ayant, le 1er décembre, dé-
claré officiellement à l'empereur qu'un
nombre de trois millions cinq cent
soixante-douze mille trois cents vingt-
neuf voix sanctionnaient son élévation
à l'empire, la cérémonie de son sacre
et de celui de son épouse eut lieu le
lendemain dans l'église de Notre-Da-
me. Napoléon y déploya une pompe
toute royale, comptant exalter par là
l'enthousiasme de la multitude, naturellement dupe de tout ce qui frappe
les yeux ; mais il fut déçu dans son attente. Son propre entourage désap-
prouva cette farce politico-religieuse.
Le soir même, désirant connaître l'effet qu'elle avait produit, il demanda
au général Delmars ce qu'il en pensait.
« C'était une belle capucinade, répon-
« dit celui-ci ; il n'y manquait qu'un
« million d'hommes tués pour détruire
« ce que vous rétablissez. »

L'empereur des Français ne put demeurer président de la république italienne ; elle dut devenir monarchie ,

parce qu'il s'était fait monarque. Il alla ceindre à Milan, le 26 mai 1801, avec son épouse, la couronne royale d'Italie. Le fils de celle-ci, Eugène Beauharnais, la reçut eu dépôt en qualité de vice-roi.

Celui qui, quelques années auparavant, avait changé les gouvernemens aristocratiques en démocraties, et les principautés en républiques, transformait alors les républiques en principautés. Il réunissait le territoire de Gênes à la France, et donnait celui de Lucques en apanage à une de ses sœurs.

L'empereur, de retour au centre de sa domination, donnait, ainsi que nous l'avons dit, toute son attention aux préparatifs d'une descente en Angleterre, lorsqu'il apprend que l'armée autrichienne, servant d'avant-garde à une confédération de la Suède et de la Russie, cimentée par l'or britannique, a envahi la Bavière, dont le souverain nous est allié. Il part aussitôt, arrive sur le Rhin le 3o octobre, avec la majeure partie de ses troupes, se trouve, le 6 novembre, au cœur de la Franconie, sur les derrières de l'ennemi qu'une telle rapidité étonne et déconcerte. La place forte d'Ulm se rend, le 20 du même mois, avec trente mille hommes et un matériel considérable. D'un autre côté, Marmont qu'aucune défection n'accuse encore, immortalise par des prodiges d'habileté et de courage le nom du village de Diernstein. La ville de Vienne nous ouvre ses portes après un bombardement de trente-six heures ; Masséna, parti le dernier jour d'octobre des rives de l'Adige, paraît, après une marche triomphante, dans le voisinage de la grande armée, avec une force de soixante-dix mille hommes : tel est le précis des principaux faits militaires dont l'éclat a décoré la route de nos armées du Rhin et de l'Adige aux champs d'Austerlitz, où les forces de la Russie, réunies aux débris de celles de l'Autriche, semblent n'attendre leur arrivée que pour mettre le comble à leur gloire et à celle de leur chef.

Napoléon parvient, par une retraite simulée, à attirer ses ennemis sur un terrain dont son œil d'aigle a, dans un instant, apprécié l'avantage. La bataille s'engage, le 2 décembre, à la pointe du jour, dont elle doit remplir toute la durée. L'armée austro-russe, forte de cent mille combattans, est supérieure en nombre à l'armée française; mais la valeur de celle-ci, et plus encore le génie de son chef, font pencher la balance en sa faveur. L'ennemi, après une résistance des plus vigoureuses (surtout de la part des Russes), est enfoncé. Une partie de ses bataillons, en voulant se soustraire à l'impétueuse poursuite de nos légions victorieuses, se noie dans les lacs dont la surface glacée fléchit sous leurs pas. La défaite fut si complète que l'empereur Alexandre fit placer, sur toutes les routes qui aboutissaient au champ de bataille, des placards où on lisait : « Je recommande mes malheu- « reux soldats à la générosité de l'em- « pereur Napoléon. » Il implora, en- outre, assure-t-on, cette générosité pour lui-même, et écrivit deux billets où, dans les termes les plus pressans, il suppliait son ennemi de le laisser échapper.

Trente mille prisonniers, cent cin- quante pièces de canon, quarante- cinq drapeaux furent les trophées de cette journée. Nous fûmes heureux d'y vaincre. La Bohême s'était insurgée sur nos derrières : la Prusse était sur le point de s'unir à nos ennemis. Le mi- nistre plénipotentiaire de cette puis- sance étant venu féliciter Napoléon de sa victoire, deux jours après qu'il l'eût remportée, « voilà, lui dit en riant le « vainqueur, un compliment dont la « fortune a changé l'adresse.

La paix de Presbourg, qui succéda le 26 décembre à une amnistie conclue

à Vienne le 19 du même mois, donna
au royaume d'Italie, l'État de Venise,
la Dalmatie, l'Albanie; à l'empire
français, la Toscane, Parme et Plaisance; à l'électeur de Bavière et au
duc de Wurtemberg, le titre de roi et
un accroissement de territoire pris sur
les possessions de l'Autriche, et enfin,
à la Prusse, qui céda à la France Clèves et Neuchâtel, l'électorat de Hanovre. Napoléon, en fortifiant ainsi
la Prusse, veut en faire désormais une
digue contre le débordement des nom-
breuses bandes de la Russie, qui,
quoique les débris de son armée n'aient
pu exécuter leur retraite que grâce à
la modération de leur vainqueur, re-
fuse d'accéder à une paix dont les conditions semblent humiliantes et trop
onéreuses pour son allié.

Napoléon, cependant, poursuit
sans relâche la démolition de l'édifice
révolutionnaire. Le 1er janvier 1806,
le calendrier républicain, qui déjà
compte une existence de quatorze an-

nées, cesse d'être en usage. Le 28 du même mois, le sénat décrète qu'il sera élevé à l'empereur un monument de la reconnaissance nationale, et lui décerne le surnom de *Grand*. Napoléon, de son côté, se montre prodigue des plus hautes faveurs. Il associe aux conquêtes de son ambition, sa famille, les compagnons de ses victoires et les ministres de ses volontés. Murat, l'époux de sa sœur, est nommé grand-duc de Clèves et de Berg; l'aîné et le plus jeune de ses frères reçoivent chacun une couronne, le premier (Joseph) celle des Deux-Siciles; l'autre (Louis) celle de la Hollande, qu'un décret a transformée en monarchie; l'ex-évêque d'Autun, Talleyrand, l'un des principaux coopérateurs du 18 brumaire, est fait prince de Bénévent. L'acte, qui lui en confère le titre, est remarquable par sa forme féodale : « Voulant, y dit l'empereur, donner à « notre *grand-chambellan* et ministre « des affaires extérieures, *Talleyrand,*

« un témoignage de notre bienveil-
« lance, pour les services qu'il a ren-
« dus à notre couronne...... Nous lui
« transférons la principauté de *Béné-*
« *vent*, pour la posséder *comme fief*
« *immédiat de notre couronne....* Il
« prêtera en nos mains le serment de
« nous servir en bon et loyal sujet. »
Ainsi, la France se trouvait arrêtée
dans la route de la civilisation : elle y
faisait même un pas rétrograde à chaque victoire, et elle payait de son asservissement intérieur la vaine gloire
de commander au dehors.

Même, pendant la paix, l'ambition
du maître de l'empire ne se repose pas.
Il détache de la grande confédération
germanique quatorze rois ou princes,
dont il forme une confédération par-
ticulière qu'il prend sous sa *protec-*
tion.

Des préliminaires de paix, conclus
avec la Russie et des négociations ouvertes avec le cabinet d'Angleterre,
dont Fox a momentanément dirigé

l'esprit vers l'idée d'une pacification
sincére et durable, sont rompus presque simultanément par ces deux puissances. La première s'avance au combat, précédée de la Prusse, dont la
population presque entière, excitée par
une reine d'un caractère chevaleres-
que, entreprend la guerre avec enthousiasme. Napoléon, qui, à la nouvelle
de l'attitude menaçante que prend le
Nord, a volé à la tête de ses troupes,
dit à son ministre, Clarke, qui vient
d'expédier sous ses yeux un grand nombre de dépêches : « Dans trois ou qua-
« tre jours, nous donnerons une ba-
« taille, *que je gagnerai*. Elle me
« portera au moins à l'Elbe, peut-être
« à la Vistule. Là, je donnerai une
« seconde bataille que je gagnerai de
« même..... *Clarke, dans un mois*
« *vous serez gouverneur de Berlin.* »
La rapidité des événemens surpassa
l'espoir de Napoléon. Une seule bataille, celle de Jéna, fut donnée, le
14 juin, au bout de cinq jours de cam-

pagne, et Berlin fut occupé par nos troupes douze jours après.

La bataille de Jéna, dans laquelle Murat et surtout Davoust se couvrirent de gloire, nous donna la Prusse, comme celle de Marengo nous avait livré l'Italie. Après ce grand échec, qui leur coûta le quart de leur armée tué ou pris, deux cent cinquante canons et soixante drapeaux, les Prussiens n'opposèrent plus de résistance nulle part. La terreur des armes françaises devint telle que nos troupes n'avaient qu'à se montrer pour voir tomber devant elles les portes des places les plus fortes. Stethin ouvrit les siennes à des hussards. Après un mois de campagne, il ne resta plus au roi de Prusse, d'une armée de deux cent cinquante mille hommes, que les garnisons insignifiantes de Hameln et de Niembourg, et quelques gardes qui l'avaient accompagné dans sa fuite.

Maître de Berlin, Napoléon se plaît à dater ses décrets du palais de son ennemi. Par l'un il réorganise les gardes nationales de France ; par un autre il change en royaume l'électorat de Saxe au profit du souverain actuel. Son armée cependant, continuant ses succès, se heurte en Pologne contre les masses moscowites. Divers engagemens fortifient en elle le sentiment de sa supériorité militaire sur ses ennemis, mais la rigueur du froid force les belligérans à un armistice tacite que les Russes doivent rompre les premiers, l'année suivante, au commencement de février. Les combats d'Ostrolenka, de Braunsberg, de Spandau, de Deppen, de Guttstadt, d'Heilsberg, quoique sanglans, forment à nos troupes un chemin jonché de lauriers jusqu'aux plaines de Friedland, où une bataille s'engage le 14 juin, dès la pointe du jour. La victoire nous y est plus vivement disputée, mais non moins complète qu'à Iéna. Suivie de quelques autres succès, elle ouvre les conférences de Tilsitt, qui amènent enfin la paix entre les puissances belligérantes. Par cette paix, la moitié du territoire prussien et une partie de la Pologne, dont le reste se trouve condamné à demeurer sous un joug qu'il avait cru brisé, accroissent les états du nouveau roi de Saxe. Dantzig redevient ville indépendante, et Napoléon fait reconnaître ses frères, Joseph, Louis et Jérôme, comme souverains des royaumes de Naples, de Hollande et de Westphalie, dont ils ne doivent être, à proprement parler, que les vice-rois. Le dernier de ces États, qui n'a encore qu'une existence nominale, sera formé des territoires de Hesse - Cassel, de Brunswich, de Fulde, de Paderborn et de la plus grande partie du Hanovre. L'Angleterre, auprès de laquelle la Russie a vainement employé sa médiation, reste seule en dehors de la pacification de l'Europe.

La plus grande intimité s'était établie à Tilsitt, entre les deux empe-

reurs, fiers l'un de l'autre; Alexandre,
de la considération d'un grand homme; Napoléon, de la déférence respectueuse d'un monarque héréditaire.
« Ils étaient comme deux jeunes gens
« de bonne compagnie, dont les plai-
« sirs n'auraient eu rien de caché l'un
« pour l'autre. » Le roi de Prusse était
un tiers également importun à chacun
d'eux. Au reste, le prisonnier de Sainte-Hélène peint des couleurs du ridi-
cule les prétentions militaires des
deux souverains du Nord. « Ils se
« croyaient, dit-il, de grands géné-
« raux, parce qu'ils savaient, à point
« nommé, le nombre des boutons que
» devait avoir l'habit d'un dragon. »
Le roi de Prusse, surtout, faisait de
cet objet son occupation principale.
« Il avait une salle pleine d'habits de
« toutes armes : c'était sa bibliothè-
« que » Le vainqueur de Jéna et
de Friedland n'hésite pas à convenir
qu'il eût été vaincu par ces deux
monarques, si la guerre qu'il soutint

contre eux eût été une lutte de tail-
leurs.

Avant la conclusion de la paix, le
maréchal Lefèvre, en récompense de
la prise de Dantzig, due principale-
ment à son courage, avait reçu le titre
de duc de cette ville. « Les honneurs
« conférés aux militaires sont autant
« de préliminaires pour arriver au
« but de soumettre un pays à un joug
« militaire, de détruire insensible-
« ment la liberté qui y règne, et de
« s'arroger un pouvoir illimité. » C'est
Napoléon lui-même qui fait cette ré-
flexion au sujet de la politique inté-
rieure du gouvernement anglais.

Après la paix de Tilsitt, l'aristocratie fut comme suspendue entre la haine
et l'admiration de celui qu'elle avait
tant dédaigné naguère. *Que n'est-il
légitime*, s'écriait-elle, vaincue par
l'éclat de ses actions !

En effet, Napoléon se voyait alors
au comble de la puissance. Pas une
voix n'avait osé s'élever en faveur du

tribunat, qu'il venait de supprimer, craignant sans doute de ne le pas trouver assez docile, malgré la servilité dont il avait fait preuve. Du sein de son palais il annonçait que *la maison de Bragance avait cessé de régner en Europe*, et Junot allait à travers l'Espagne, faire, à la tête de trente mille hommes, la conquête du Portugal, tandis qu'un autre de ses lieutenans (Brune) punissait, en son nom, par la prise de Stralsund et de l'île de Rugen, la témérité du roi de Suède, qui avait osé, après la pacification de Tilsitt, soulever ses faibles armes contre le colosse de la puissance française.

Cependant la division s'était mise au sein de la famille royale d'Espagne. Charles IV et son fils se disputaient un sceptre qu'il leur était également difficile de porter. Tous les deux accourent à Bayonne, auprès de Napoléon, dans le but de gagner sa faveur toute puissante, plutôt que de réclamer sa médiation. Mais celui-ci a bien d'autres vues. Dans l'instant même qu'il semble prêter l'oreille à leurs sollicitations, il dirige les mouvemens d'une armée qui, sous prétexte de renforcer celle de Portugal, envahit une grande partie de l'Espagne, pénètre dans ses places fortes, et se trouve bientôt échelonnée des Pyrénées à Madrid. Tout à coup on apprend que Murat, qui la commande, a été nommé président d'une *junte* provisoire, et lieutenant-général des Espagnes, dont la souveraineté est réservée à Joseph, qu'il doit remplacer sur le trône de Naples. Les deux princes rivaux ont donné volontairement, dit-on, leur adhésion à cet arrangement qui les dépouille, et vont habiter, l'un (Charles IV) le château de Compiègne, l'autre (Ferdinand VII) celui de Valençay, où ils doivent être les hôtes de Napoléon, comme, trois siècles auparavant, Montézume l'avait été de Cortez.

Cependant l'anniversaire de la Saint-Ferdinand devient, pour la Péninsule, le signal d'un soulèvement général. Tous les Espagnols, à quelque nuance d'opinion qu'ils appartiennent, concourent à un même but, la délivrance de la patrie. La philosophie s'empare du mouvement pour le diriger; mais le gouvernail doit lui être retiré, du moment où elle aura reconquis l'indépendance nationale, et la malheureuse Espagne ne se sera vue soustraite à la domination étrangère que pour retomber sous la tyrannie d'une faction obscure, formée dans son sein.

Napoléon ne daigne déjà plus employer les armes contre les petits États. Pour les conquérir, il n'a besoin que de décrets. C'est par ce moyen que, pour châtier l'indocilité du pape, qui se plaint de ce qu'une garnison française, provisoirement établie dans sa capitale, *consume ses écus romains*, il lui enlève quatre légations. C'est encore ainsi qu'il réunit à ses vastes do-

maines, Kelh, Cassel, Wesel et Flessingue.

Jusqu'alors, en travaillant au rétablissement de l'ancien régime, Napoléon avait gardé quelques ménagemens,
observé quelque mesure; il bâtissait
en quelque sorte derrière un rideau :
maintenant, il se juge assez fort contre l'opinion pour réédifier au grand
jour. Il ose proposer à son conseil d'É-
tat cette question dérisoire : « Le réta-
« blissement des titres est-il contraire
« à l'égalité? » Et, chose honteuse à
l'humanité, ce conseil servile ne rougit pas de répondre négativement. Il
n'appartenait qu'au sénat de surpasser
tant de bassesse. Ce corps apostat,
composé presqu'en entier d'anciens
partisans du système républicain, ne
trouve pas d'objection à opposer à la
renaissance de ce qui, pendant les vingt
dernières années, avait été regardé
comme un des plus ridicules abus de
l'ancien ordre de choses. Il n'a de voix
que pour témoigner sa *respectueuse* re-

connaissance du décret qui l'ennoblit en masse. Il sanctionne le rétablissement de la hiérarchie nobiliaire et des majorats, comme un *obstacle au retour de la féodalité*, ainsi qu'il a naguère institué la *censure, pour assurer la liberté de la presse.* Cette farce de contre-civilisation, dirigée par *l'homme des abus*, le *prince* archi-chancelier, Cambacérès, fut jouée en mars 1808, à huis clos, il est vrai, mais en plein jour.

Ainsi fut réinstituée une hiérarchie sociale, indépendante du mérite de celui qu'elle devait distinguer, et qui, pour nous servir d'une expression de Napoléon lui-même, soumettait d'avance la postérité de la France à des générations d'*aînés par droit d'hérédité.* Le captif de Sainte-Hélène, tout en s'excusant sur ses intentions, convient qu'il *eut tort en cela*, « parce que, dit-« il, cette institution affaiblissait le « système d'égalité qui plaisait tant au « peuple. » Lorsqu'il s'exprimait ainsi, il n'avait que trop éprouvé les inconvéniens de sa création contre-révolutionnaire. Quand l'ancienne dynastie se présenta en 1814, au seuil de la capitale, chacun des nouveaux nobles put se flatter de trouver sa place dans un ordre de choses, qui n'était pas essentiellement différent de celui qui finissait. Les grands de Napoléon se trouvaient tout naturellement au niveau de ceux du monarque rentrant; c'étaient des ducs qui s'unisaient à des ducs, des comtes à des comtes, des barons à des marquis; de là, tant de transactions funestes pour lui. Si l'esprit des chefs eût été entretenu, comme celui du peuple, dans le mépris des distinctions futiles, la vanité des uns, l'amour-propre des autres, eussent rendu tout rapprochement impossible ou bien difficile au moins.

Cependant les troupes françaises, chassées de Lisbonne et de Madrid, luttent péniblement dans la Péninsule contre l'insurrection portugaise et espagnole, dont l'Angleterre s'est faite l'active auxiliaire. Napoléon a résolu de s'y transporter avec sa fortune, jusque là fidèle. Il daigne en instruire son sénat, qui, comme pressé de mettre le comble à son opprobre, lui répond : « La guerre d'Espagne est politique, « *elle est juste*, elle est nécessaire. » Quelques années plus tard, il osera plus encore, et s'écriera : « Poursuivez, « sire, *cette guerre sacrée!* » Doit-on s'étonner après cela que le captif de Sainte-Hélène ait dit de ce sénat corrompu : « Qu'il ne connaissait point « de corps qui dût s'inscrire dans l'his- « toire avec plus d'ignominie. » C'est sans doute encore en se rappelant son ambitieuse bassesse qu'il s'écriait : « Ceux qui composaient les généra- « tions de nos jours demeuraient si na- « turellement dominateurs, si avides « de pouvoir, l'exerçaient avec tant « d'importance, pour ne pas dire plus, « et pourtant, en même temps, étaient « si prêts, d'un autre côté, à courir

« au-devant de la servitude!... Et ail-
« leurs : Que de boue était groupée
« autour de moi.» Ce fut la basse com-
plaisance de ses serviteurs qui lui ins-
pira ce mépris qu'il professait pour
l'espèce humaine.

Dans les premiers jours de novembre, l'empereur a franchi les Pyrénées;
le 23, il a gagné la bataille de Tudéla;
le 4 décembre, il entre à Madrid. Aussitôt il supprime l'inquisition, les bar-
rières fiscales de l'intérieur, les droits
féodaux, réduit à un tiers le nombre
de ces réceptacles d'une dispendieuse
oisiveté, si répandus dans sa conquête,
au nom de la religion, et il dit aux
Espagnols : « Vos neveux me béniront
« comme votre régénérateur; ils pla-
« ceront au nombre des jours mémo-
« rables ceux où j'ai paru parmi vous;
« et de ces jours datera la prospérité
« de l'Espagne. » Mais l'événement ne
doit pas répondre à cette prévision ou
plutôt à ce vœu de sa politique.

Depuis qu'il a paru en Espagne, ses

troupes partout victorieuses semblent combattre sous l'égide de sa fortune. Cette contrée paraît sur le point d'être entièrement soumise, lorsqu'une nouvelle levée de boucliers, de la part de l'Autriche, le rappelle rapidement au Nord.

La campagne s'ouvre en Allemagne à notre avantage, par le combat de Pfaffenhofen. Davoust prouve, à celui de Tann, le talent stratégique le plus distingué, et prépare la bataille d'Abensberg, gagnée par l'empereur en personne. La belle manœuvre de Landshut conduisit ensuite à la bataille d'Ekmühl, qui coûta à l'ennemi vingt mille prisonniers, et, de l'avis du vainqueur, décida de toute une guerre.

A la suite des manœuvres *les plus hardies, les plus savantes*, qu'il ait, de son propre aveu, jamais exécutées, Napoléon trouve moyen de s'emparer de la principale ligne de retraite de l'armée ennemie, et de le dévancer à Vienne, qui lui ouvre ses portes, après

avoir essuyé un bombardement de trente-six heures. Nos troupes, avant d'y
arriver, ont pris sur leur route la ville
forte de Ratisbonne, et gagné le combat brillant, mais meurtrier, d'Ébers-
berg. Dans les journées des 21 et 22,
un corps de trente à quarante mille
Français soutient, à deux lieues de
Vienne, les efforts de cent mille Autrichiens, à la vue de la majeure partie de notre armée que la rupture des
ponts du Danube, occasionée par la
crue de ce fleuve, force de rester dans
l'île de Lobau, spectatrice oisive, mais
non pas indifférente de cette lutte glo-
rieuse. Telle ut la bataille d'Essling,
dont l'un et l'autre parti revendiqua l'a-
vantage; mais qui, quoiqu'on en puisse
dire, se termina par la retraite de nos
ennemis. Malheureusement deux des
meilleurs lieutenans de l'empereur, le
maréchal Lannes et le général Saint-
Hilaire, périrent dans cette journée
victimes de leur intrépidité.

Nos troupes ne quittèrent l'île de

Lobau, où elles s'étaient fortifiées, que le 5 juillet, pour paraître sur le champ de bataille de Wagram. Leur sortie de cette île occasiona le même jour un engagement auquel on donna le nom de bataille d'Enzersdorf. La victoire de Wagram, que nous remportâmes le lendemain, fut plus chèrement achetée, mais aussi plus décisive. Elle conduisit cinq jours après à l'armistice de Znaïm, qui, un mois plus tard, amena la paix de Vienne. « Si je n'eusse « vaincu à Wagram, devait dire Na- « poléon, j'avais à craindre que la « Russie ne m'abandonnât, que la « Prusse ne se soulevât, et les Anglais « étaient déjà maîtres d'Anvers. »

Forcés de décrire, sans nous interrompre, le principal acte du grand drame militaire dont le théâtre s'étendait des côtes de l'Andalousie au fond de l'Allemagne, nous en avons négligé jusqu'ici divers épisodes. Là c'était Eugène qui, parti d'Italie, poussait devant lui les troupes de l'archiduc

Jean, et, après avoir uni les lauriers cueillis sur sa route à ceux de la grande armée, remportait l'importante victoire de Raab. Plus loin, Poniatowski, secondé par une simple démonstration d'un corps d'armée russe, tiède allié de nos armes, contenait en Pologne les forces supérieures du prince Ferdinand. Un armement de sept cents vaisseaux de transport, et de quatrevingt mille hommes de débarquement, venait échouer aux bouches de l'Escaut, sans autre fruit que la possession momentanée de Flessingue, et l'incendie de ses chantiers. Enfin, à l'autre bout de l'Europe, Soult, Victor, Mortier, Kellermann, Suchet, Foy, soutenaient, dans la péninsule espagnole, l'éclat de la valeur française.

Par un décret daté de Vienne, Napoléon réunit les États du saint-siége à son *grand empire*. Le pape veut lui opposer l'arme usée de l'excommunication; il essaie de faire voir encore une fois aux souverains, que leur

couronne doit être soumise à la tiare.
Mais lui-même il apprend, par un sé-
natus-consulte (c'était le nom donné
par l'empereur, aux actes de sa suprême volonté, quand il daignait les
faire enregistrer par son sénat), *que
toute souveraineté temporelle est in-
compatible avec l'exercice d'une autorité spirituelle dans l'intérieur de
l'empire.* Enlevé de Rome par Murat,
sur la crainte d'un soulèvement de la
part des habitans de cette ville, il est
transféré à Grenoble, puis à Savone,
et enfin à Fontainebleau, où il doit
être libre, comme Charles IV l'est à
Compiègne, et Ferdinand VII à Valençay. Sur ces entrefaites, Napoléon
échappe à Schœnbrunn, par la vigi-
lance du général Rapp, qui doit plus
tard s'immortaliser par la défense de
Dantzig, au poignard d'un jeune Al-
lemand, que le fanatisme politique et
religieux tout à la fois a armé contre
le conquérant de sa patrie.

La paix signée à Vienne, le 14 août,

accroît encore le territoire de la France et de ses alliés aux dépens de celui
de l'Autriche. Cette dernière puissàn-
ce, non-seulement se soumet à l'ob-
servation rigoureuse du blocus continental, mais encore *reconnaît tous les
changemens survenus ou qui pour-
raient survenir* dans le midi de l'Europe. Elle est, par ces conditions, plus
humiliée qu'affaiblie. C'était de la
part de Napoléon un grande faute politique. Aussi, dit-il, en songeant aux
suites qu'il pouvait donner à la victoire
de Wagram : « J'eusse dû déclarer
« par l'ordre du jour que je ne trai-
« terais avec l'Autriche, qu'après la
« séparation préalable des couronnes
« d'Autriche, de Hongrie et de Bo-
« hême. »

Cependant le chef de l'empire ne
tarda pas à ramener sur ses intérêts
personnels et domestiques, l'attention
que depuis quelque temps il avait ex-
clusivement donnée à la politique
extérieure. Il n'était pas sans inquié-

tude sur l'avenir de son pouvoir. Ses droits, il le savait, étaient dans son génie; lui seul faisait sa légitimité. Il était à craindre que l'époque de sa mort ne vît s'élever une autre dynastie ou une autre révolution; que les Français ne voulussent point obéir à Joseph, que les Espagnols même dédaignaient. Ce prince avait d'ailleurs à ses yeux un singulier défaut : *Il était trop honnête homme pour être roi.* S'il pouvait avoir un héritier direct, il évitait en grande partie cet inconvénient. L'éclat de la gloire paternelle l'illustrerait dès sa naissance; la France croirait voir en lui le germe d'un futur grand homme; et, s'il se choisissait, comme il le pouvait, une nouvelle épouse (car la sienne était depuis long-temps condamnée à une stérilité précoce), au sein des familles régnantes, il donnerait à sa dynastie un puissant appui. Pour cela, il fallait déterminer l'impératrice à une séparation. Ce fut son fils Eugène Beauharnais qu'on chargea de cette commission délicate. Le divorce de l'empereur et de son épouse fut prononcé par le sénat, quant au lien civil, et par l'official de Paris, quant au lien religieux.

Tous les souverains de l'Europe ambitionnaient, pour une princesse de leur famille, la place que cet acte laissait vacante à côté de son suprême dominateur. L'empereur Alexandre brûlait d'y placer une de ses sœurs. Mais tandis qu'on négociait pour lever quelques difficultés, nées d'abord du dissentiment de l'impératrice-mère, et ensuite de la différence de culte, l'empereur d'Autriche fit offrir une de ses filles, et fut agréé. L'autocrate russe, qui alors pensait, avec quelque raison, qu'on ne pouvait rien être en Europe que sous le bon plaisir de Napoléon, s'écria, dit-on, en apprenant cette nouvelle : « *Me voilà ren-* « *voyé au fond de mes forêts.* » Marie-Louise, jeune princesse de vingt ans, vint épouser en France le vainqueur de Wagram. La célébration de son hymen donna lieu à des fêtes, dont on ne reproduira pas sans doute de long-temps la magnificence. Tout était dans l'ivresse, et le peuple, qu'on exalte avec de l'éclat et de la fumée qu'il paie, et le souverain qui, enfin, se voyait allié au sang des rois légitimes. Cependant, plus tard, il devait dire, en parlant du mariage qu'il venait de contracter, que *son assassinat* (à Schœnbrunn) *eût été moins funeste pour la France.*

L'empereur donna dès lors un plus libre essor à ses goûts aristocratiques. Il groupa autour de la jeune prin-cesse ces *anciennes tiges*, comme il les appelait, débris d'un ordre de cho-ses à jamais usé, et qui, presque tou-tes, ne devaient payer que d'ingrati-tude son aveugle prédilection. De leur côté, les généalogistes de cour, en tête desquels on remarque Clarke, duc de Feltre, ex-plénipotentiaire de la répu-blique et ministre futur de la royauté, se tourmentent à lui chercher une royale origine. Les uns l'allient à la maison d'Est, les autres à celle d'Angleterre, d'autres encore aux anciens souverains du Nord : quelques-uns, en le faisant descendre de *l'homme au masque de fer*, trouvent moyen d'établir sa *légitimité*; « Je ne sais, dit-il « lui-même, à qui je ne tenais pas. » Il eut le bon esprit de mépriser cette espèce de dévergondage du servilisme. Précédemment, son beau-père lui ayant offert de faire imprimer des pièces qui prouvaient, disait-il, qu'un de ses aïeux avait été souverain à Trévise, il lui avait répondu : « Ces titres sont « trop anciens pour moi; je ne date « que de Millésimo.» Ainsi il affectait vis-à-vis des souverains une manière de penser toute populaire, tandis qu'il se conduisait à l'égard des peuples d'après les maximes despotiques du commun des souverains.

Napoléon, après son mariage, passa deux ans entiers dans sa capitale, d'où, tandis que ses lieutenans font, pour

soumettre l'Espagne, des efforts vains,
quoique courageux, il réunit à ses immenses États la Hollande, dont il re-
tire la souveraineté à son frère, trop
peu docile ; le Valais, séparé de la confédération helvétique, et le duché d'Ol-
denbourg, enlevé à un parent d'A-
lexandre. Ce sera l'un des principaux
griefs allégués par la Russie, lorsqu'elle lèvera de nouveau contre nous
ses armes.

Pendant ce temps, le Simplon s'apla-
nit, et donne un accès facile en Italie,
à travers les Alpes ; d'autres routes s'ou-
vrent et sillonnent en tous sens la France ; des canaux se creusent ; on travaille
au port d'Anvers. Un nouveau sucre,
extrait de la betterave, doit désormais
suffire à la consommation de la France ;
l'indigo est remplacé par une tein-
ture indigène ; un million est offert à
celui qui trouvera le moyen de filer le
lin comme le coton, et déjà l'usage
de ce dernier eût été proscrit, si Joséphine, au nom des colons et des mo-

des françaises, dont elle s'était faite la grande représentante, ne s'y fût opposée. Enfin, une foule d'entreprises glorieuses ou profitables à la France sont conçues ou dirigées par son génie.

Le 20 mars 1811, l'impératrice mit au jour un fils auquel on donna, dès sa naissance, le titre *de roi de Rome*. La nouvelle de cet événement, qui semblait anéantir à jamais les prétentions de l'ancienne dynastie, produisit une grande sensation en Europe.

Vers le même temps la nation suédoise qui, après avoir détrôné, en punition de sa témérité et de son orgueil, son roi héréditaire Gustave-Adolphe, avait mis son sceptre, comme en dépôt, entre les mains du vieux duc de Sudermanie, et appelait à le saisir après son trépas un Français (Bernadotte), dont elle avait eu occasion d'apprécier les talens et la sagesse. Suédois fidèle dès lors, mais ingrat Français, ce général sera l'un des premiers à guider les phalanges du Nord vers les frontières de sa patrie. En attendant, il s'unit d'intention à la politique de la Russie qui, lasse, ainsi que la Suède, de subir la contrainte du blocus continental, cède enfin aux sollicitations de l'Angleterre, et se détermine à entrer avec nous dans une nouvelle lutte. Napoléon ne cherche pas à éloigner la guerre; au contraire, il prend la résolution de la porter le premier au cœur des États de son ennemi. En vain ses lieutenans, jusqu'alors les plus dociles à ses volontés, soit qu'ils redoutent pour lui la défection de sa fortune, ou pour eux, même les fatigues et le danger d'une expédition lointaine, essaient de le dissuader d'une telle entreprise; fort d'une prospérité non encore interrompue, il n'écoute rien. Sans la moindre hésitation, il s'élance par-dessus la vaste Allemagne, fatiguée de son joug, pour frapper à six cents lieues du centre de sa puissance, au-delà d'un rempart de glace, d'innombrables légions de Tartares! Tel est Napoléon, qui n'a jamais craint au monde qu'une chose : la liberté.

Depuis quelque temps la France savait que ses troupes et celles de ses alliés s'aggloméraient sur un point de la Pologne, sans connaître précisément la destination de l'immense camp européen qui s'y formait. Tout à coup elle apprend, le 10 mai, que l'empereur ira passer la revue de la grande-armée sur les bords de la Vistule, et bientôt après que cette armée est destinée à l'invasion de l'empire russe. L'impératrice accompagne son tout-puissant époux jusqu'à Dresde. Là se rendent aussi, à sa voix, tous les souverains du nord, à l'exception de ceux de Suède et de Russie. Confondus avec les lieutenans de l'arbitre de l'Europe, ils attendent dans une antichambre, eux qui jamais n'avaient attendu! Rois-sujets, ils connaissent la contrainte! Courtisés jusqu'à ce jour, la fortune les a contraints à se faire courtisans. Ces maîtres des hommes ne dépendent plus immédiatement de Dieu seul. Un roi des rois règne sur la terre, et les enchaîne à ses volontés. Ils lui forment une cour de leurs cours réunies. Celui-ci voudrait être le grand pannetier de son *protecteur;* cet autre, son grand échanson. Des rois sollicitent comme une faveur, presque comme une gloire, le titre d'officier de sa maison. Soit enivrement d'une si haute fortune, soit sentiment de la prééminence que son génie lui assigne sur ces princes vulgaires, Napoléon reçoit leurs hommages avec une apparente froideur et presque comme une dette.

Un roi puissant naguère (celui de Prusse) est à l'écart : il n'a pas été mandé. L'idée de sa disgrâce l'épouvante. Il est venu implorer sa part de l'humiliation commune. «Que me veut « ce prince, dit dédaigneusement Napoléon, en apprenant qu'il sollicite de « lui une audience?... Qu'ai-je besoin « de lui?» Il se détermine néanmoins sur la prière de ses lieutenans à le recevoir. Le monarque suppliant est introduit : il paraît presque reconnaissant de tant de faveurs.

Presque tous les théâtres de l'Allemagne célèbrent son vainqueur, quelques poëtes poussent l'adulation jusqu'à le diviniser. Sa fortune se surpasse en quelque sorte et l'enivre. Comment ne s'aveuglerait-il pas sur les difficultés de sa téméraire entreprise ? Il y marche par un chemin tout semé de fleurs ; mais la fortune tôt ou tard se repent de ses bienfaits , et même s'en venge : elle l'attend au retour.

Napoléon est à Thorn le 2 juillet. Il y passe la revue de son armée forte de quatre cent cinquante mille hommes, dont deux cent soixante – dix mille Français. Le 22, nos colonnes se mettent en mouvement. Le 24 elles commencent le passage du Niémen, qu'elles continuent le lendemain. Elles s'avancent rapidement sans rencontrer d'autre obstacle que la solitude et la dévastation des lieux qu'elles parcourent.

Les Russes ont résolu de s'en faire un rempart, et c'est la seule arme qu'il nous opposent jusqu'à Mohilow, où ils essaient, mais vainement, de nous résister. Ils nous font encore acheter par un combat l'occupation de Witepsh. Au reste, partout l'incendie marque les traces de leur retraite et dirige notre poursuite. Leur principale armée, qui ose nous attendre, sous les murs de Smolensk, se voit contrainte, après un combat fort vif, d'abandonner le champ de bataille, et quinze mille hommes sont tués, blessés, ou pris.

La prudence commandait de ne pas dépasser Smolensk, et d'attendre dans ses environs le retour du printemps. Mais Gouvion Saint-Cyr vient de remporter sur une autre armée russe une éclatante victoire, près de Polosk: Napoléon se laisse entraîner au cours de ses prospérités. « C'est dans Mos- « cou, dit-il, qu'est l'abondance (car « déjà les privations se font sentir); « il ne faut pour s'y porter qu'une

« seule bataille, et la paix de l'Europe
« sera conquise. »

Le 6 septembre, à vingt-cinq lieues
de Moscou, près du village de Boro-
dino, et du cours de la Moscowa, se
livre la fameuse bataille qui porte dans
nos fastes le dernier de ces noms.
Avant de l'engager, Napoléon dit à
ses braves : « Soldats ! voilà la bataille
« que vous avez tant désirée ! Désor-
« mais la victoire dépend de vous...
« Elle nous donnera l'abondance, de
« bons quartiers d'hiver et un prompt
« retour dans la patrie. Conduisez-
« vous comme à Austerlitz, à Fried-
« land, à Vitepsh, à Smolensk, et
« que la postérité la plus reculée cite
« votre conduite dans cette journée ;
« que l'on dise de vous : *Il était à*
« *cette grande bataille sous les murs*
« *de Moscou.* »

L'armée russe, d'un quart plus nombreuse que la nôtre, est néanmoins
vaincue, mais non pas faute d'une vi-
goureuse résistance. Ses bataillons dé-

meurent, sans se rompre , et sans reculer, sous le feu de nos batteries ,
lors même que l'issue de la lutte n'est
plus douteuse. Cent mille coups de
canon furent tirés de part et d'autre
dans cette journée. Quarante mille
Russes tués ou blessés jonchèrent le
champ de bataille , mais nous n'y re-
cueillîmes que peu de prisonniers et
point de matériel. Aussi cette bataille,
que Napoléon appelle son *plus brillant
fait d'armes* , fut-elle , de son aveu ,
l'une des moins profitables qu'il ait
gagnées.

Il lui fallut rouvrir , par une autre
victoire , près de Mojaïk , la route de
Moscou ; enfin nos troupes entrèrent
le 14 dans cette ville abandonnée de
ses habitans. Quand on crut s'être
assuré que la solitude qu'on y remarquait ne cachait point d'embûches , on
se livra à la sécurité et à la joie. Mais
bientôt un feu violent s'élève de ses
divers quartiers , et résiste à tous les
efforts qu'on fait pour l'éteindre ; on

ne doute point qu'il ne soit le produit d'une combinaison atroce; on surprend en flagrant délit quelques-uns des incendiaires : ce sont des émissaires de Rosptochin (le gouverneur russe de Moscou); on les fusille; mais déjà l'incendie a fait d'immenses ravages : il n'est désormais donné à aucune puissance humaine de l'arrêter. Napoléon, qui s'est établi dans le Kremlin (l'ancien palais des czars), échappe à peine à sa poursuite : ses cheveux et ses sourcils sont grillés; ses habits brûlés en partie. Enfin, il peut d'une maison de campagne du czar régnant, distante d'une lieue du théâtre de l'incendie, en considérer l'étendue. « Jamais, dit-il, en dépit de la poésie,
« toutes les fictions de l'incendie de
« Troie n'égaleront la réalité de celui
« de Moscou..... C'était le spectacle
« d'une mer de feu; le ciel et les nua-
« ges paraissaient brûler; des monta-
« gnes de flammes rouges, et tour-
« noyantes comme d'immenses va-

« gues de la mer, s'élançaient tout à
« coup, s'élevaient vers un ciel em-
« brasé, et retombaient ensuite dans
« un océan de feu. Oh! c'était le spec-
« tacle le plus sublime et le plus
« effrayant que le monde ait jamais
« vu!

« Ce terrible incendie, dit-il ail-
« leurs, ruina tout... Je me trouvais
« au milieu d'une belle ville approvi-
« sionnée pour un an... J'aurais pro-
« clamé la liberté de tous les esclaves
« en Russie, et aboli le vasselage et la
« noblesse. Cela m'aurait procuré l'ap-
« pui d'un parti immense et puissant.
« J'aurais fait la paix à Moscou, ou
« bien j'aurais marché l'année sui-
« vante sur Pétersbourg. Alexandre
« le savait bien; aussi envoya-t-il ses
« diamans, ses objets précieux et ses
« vaisseaux en Angleterre. »

Quand le feu eut achevé de consu-
mer sa proie, nos troupes fouillèrent
les cendres qu'il avait accumulées pour
en retirer des provisions d'abord et en-

suite de l'or et d'autres objets précieux. Napoléon s'arrêta trop long-temps sur les ruines de sa conquête, dans la vaine attente qu'on viendrait lui demander la paix. Lorsqu'il fut las d'attendre, il envoya l'offrir; mais ses courriers ne purent pénétrer jusqu'à Pétersbourg. Cependant l'hiver approchait; il fallait prendre un parti. Il s'en offrait trois : continuer sa route vers Pétersbourg? mais il restait pour l'atteindre trop peu de temps; demeurer au milieu des ruines de Moscou, s'y nourrir des provisions qu'on en avait retirées, et de la chair des chevaux que l'on salerait ; mais l'empereur et l'armée seraient en quelque sorte morts pour l'Europe pendant une année; et quel usage la malveillance ne pourrait-elle pas tirer de cette longue absence, et du secret qui en envelopperait la cause? Enfin, rétrograder jusqu'à Smolensk, même jusqu'à Vitepsk, y attendre le printemps pour recommencer l'attaque. Ce dernier parti, beaucoup plus sage quinze jours avant, mais devenu fort hasardeux, fut adopté.

La retraite commence le 19 octobre. Le 23, Eugène culbute, à Malo-Yaroslavetz, un corps presque trois fois aussi nombreux que celui qu'il commande, et le 3 novembre soutient à l'arrière-garde, vers Wiasma, avec Ney et Davoust, le choc de toute l'armée ennemie. Mortier, qui a quitté le dernier Moscou, le 23 octobre, signale aussi son courage au-delà de Smolensk, à Krasnoï; Oudinot, qui accourt pour aider notre retraite, remportera aussi sa victoire à Borisow. Mais c'est à Ney que doit demeurer la palme du courage. Cinq fois l'arrière-garde se sera fondue, et cinq fois il aura trouvé le moyen d'en former une nouvelle avec ce que les débris de nos bataillons offrent de plus brave.

Dès les commencemens notre retraite avait été désordonnée, par suite d'un mélange confus de cavaliers démontés, de fantassins traînant péniblement le fruit du pillage, de femmes, d'enfans, de familles entières, fuyant de Moscou, leur patrie adoptive, mais où elles n'osent attendre le retour des Russes. A cette cause se joignirent bientôt le froid et la famine. Le froid éclata le 6 novembre. Il y avait plus de cinquante ans qu'il n'avait apparu si prématuré, ni si terrible. « Le thermomètre, dit Napoléon, « descendit à dix-huit degrés, et tous « les chevaux périrent. On en perdit « trente mille en une nuit. On fut « obligé d'abandonner toute l'artille- « rie, forte alors de cinq cents bou- « ches à feu; on ne put emporter ni « munitions, ni provisions. Nous ne « pouvions, faute de chevaux, faire « de reconnaissances. Les soldats per- « daient le courage et la raison. La « circonstance la plus légère les alar- « mait. Quatre ou cinq hommes suffi- « saient pour jeter la terreur dans tout

« un bataillon. Au lieu de se tenir
« réunis, ils erraient séparément pour
« trouver du feu ; ceux qu'on en-
« voyait en éclaireurs, abandon-
« naient leurs postes, et allaient cher-
« cher les moyens de se réchauffer
« dans les maisons. Ils se répandaient
« de tous côtés, et devenaient facile-
« ment la proie de l'ennemi. D'autres
« se couchaient sur la terre, s'endor-
« maient ; un peu de sang sortait de
« leurs narines, et ils mouraient en
« dormant. Des milliers de soldats pé-
« rirent de cette manière. Les Polo-
« nais sauvèrent quelques-uns de leurs
« chevaux et un peu de leur artillerie ;
« mais les Français et les soldats des
« autres nations n'étaient plus les
« mêmes hommes ; la cavalerie a sur-
« tout souffert. Sur quarante mille
« hommes, je ne crois pas qu'il en soit
« échappé trois mille. »

Les débris de notre armée parviennent enfin aux rives de la Bérésina,
dont les Russes se disposent à leur dis-

puter le passage, leur seule voie de salut. Napoléon, auquel des Polonais ont vainement offert de le conduire hors de tout danger, par des sentiers déserts connus d'eux seuls, fait établir deux ponts près de Weslowo, tandis que l'ennemi, trompé par une fausse démonstration, l'attend à Borisow. Ney aide cette inspiration du génie de son chef, par un effort surnaturel de son courage. La plus grande partie de notre armée passe, mais une multitude désorganisée reste sur l'autre rive la proie de l'ennemi, ou s'abîme dans le fleuve avec les ponts qu'on fait précipitamment dévorer par les flammes.

Dès lors la défection de nos alliés se prépare. Déjà la malveillance autrichienne, en abandonnant à la défense d'une trop faible garnison la ville de Minsk, qu'elle était chargée de couvrir, a en quelque sorte livré cette place importante à nos ennemis.

Napoléon, qui juge enfin son armée

hors de danger, a résolu d'aller dans
sa capitale organiser de nouvelles res-
sources. Un autre soin encore l'y rappelle. Un général démocrate, Mallet,
ayant brisé les chaînes dont une om-
brageuse politique l'avait chargé, a
osé concevoir l'idée de remplacer, à la
faveur de l'ignorance où l'on était de
la destinée du chef de l'État, la régence impériale par un gouvernement
provisoire républicain. Quoique cette
conspiration audacieuse, après un
commencement d'exécution assez heureux, ait complètement échoué, Napoléon n'est pas tranquille. Il craint
que de nouveaux ennemis ne profitent
du mécontentement que produira la
nouvelle de ses malheurs. Cependant
il n'en déguise rien ; il en expédie de
Malodeczno, le 3 décembre, un ta-
bleau fidèle. C'est le trop fameux
vingt-neuvième bulletin. Deux jours
après il part lui-même déguisé, et
seulement suivi de quelques officiers
de confiance.

Ici se termine, pour Napoléon, la
désastreuse campagne de Russie, dont
on lui a tant reproché et l'entreprise
et la conduite. Laissons-le répondre
lui-même à ce double sujet de blâme.
« Cette fameuse guerre, cette auda-
« cieuse entreprise, je ne les avais pas
« voulues; je n'avais pas l'envie de me
« battre : Alexandre ne l'avait pas da-
« vantage. Mais une fois en présence,
« les circonstances nous poussèrent
« l'un sur l'autre : la fatalité fit le
« reste. » Quant à l'imprévoyance qui
exposa notre armée à la famine, en
même temps qu'elle était en proie à un
froid meurtrier, nous ne pensons pas
qu'on puisse, sans injustice, en accuser son chef. Avant de franchir la
frontière russe, il recommandait, dans
ses instructions, de charger les cais-
sons de farine, pains, ris, légumes et
eau-de-vie. « Car, disait-il, on va faire
« la guerre dans un pays nu, où l'en-
« nemi détruira tout, et il faut se
« préparer à s'y suffire à soi-même. »

Et, quand il eut résolu sa fatale
retraite, il écrivit à Mortier : « Les
« Romains donnaient des couronnes
« civiques à ceux qui sauvaient des
« citoyens ; le duc de Trévise en mé-
« ritera autant qu'il sauvera de sol-
« dats. Il faut qu'il les fasse monter
« sur ses chevaux, sur ceux de tout
« son monde. C'est ainsi, ajoutait-il,
« que lui-même avait fait à Saint-
« Jean-d'Acre. » Voici, au reste, ce
qu'il pense de l'issue de cette guerre :
« Sont-ce les efforts des Russes qui
« m'ont anéanti ? Non, la chose n'est
« due qu'à de purs accidens, qu'à de
« véritables fatalités. C'est une capi-
« tale incendiée en dépit de ses habi-
« tans, et par des intrigues étrangères ;
« c'est un hiver, une congélation,
« dont l'apparition subite et l'excès
« furent une espèce de phénomène ;
« ce sont de faux rapports, de sottes
« intrigues, de la trahison, de la bê-
« tise, bien des choses enfin qu'on
« saura peut-être un jour, et qui pour-

« ront atténuer ou justifier les deux
« fautes grossières, en diplomatie com-
« me en guerre, que l'on a droit de
« me reprocher : celle de m'être livré
« à une telle entreprise, en laissant
« sur mes ailes, devenues bientôt
« mes derrières, deux cabinets dont
« je n'étais pas le maître, et deux ar-
« mées alliées que le moindre échec
« devait rendre ennemies. »

Cependant, contre toute attente,
le froid s'était encore accru après le
départ de l'empereur ; et, Murat, auquel il avait confié en partant le commandement des débris de sa grande
armée, n'était guère propre à y rétablir l'ordre et la confiance. Les murs
de Wilna ne purent nous ralier ; et
ses magasins, quoique pourvus abon-
damment, ne nous furent pas d'un
grand secours, faute de transports. En
un clin d'œil toute la Pologne nous fut
enlevée. Heureusement, Murat, rap-
pelé à Naples par ses affaires person-
nelles, laisse la direction de notre re-

traite, au vice-roi Eugène, qui fera tout ce qui pourra être fait avec quelques milliers d'hommes braves encore, mais découragés. Refoulé jusqu'au cœur de la Saxe, il s'y maintiendra sur la défensive, en attendant des renforts.

Cependant Napoléon s'occupe de fortifier son pouvoir contre les suites de la secousse qu'il a reçue aux bornes de l'Europe. Il commande à son sénat de lui livrer une levée extraordinaire de gardes nationaux ; il crée, sous le nom de *gardes d'honneur*, une nouvelle milice, rappelant, par sa composition et ses priviléges, celle des gardes du corps ; il nomme un conseil qui, sous la présidence de l'impératrice, doit, tant qu'il demeurera éloigné, exercer la régence, dont il a déterminé la forme en cas de minorité de l'héritier de l'empire. Enfin, il obtient du souverain pontife, par la seule force de l'argumentation, quoi qu'on en ait dit, ce fameux concordat, qui, en anéantissant la puissance temporelle

des papes, soumettra désormais la
tiare à sa puissance. Le pape, en
échange de ses domaines, reçoit un
revenu de deux millions et deux palais,
l'un à Rome et l'autre à Paris. « Si je
« fusse revenu vainqueur de Moscou,
« dit Napoléon, j'allais relever le pape
« outre mesure... Il fut demeuré près
« de moi... J'aurais dirigé le monde
« religieux, aussi bien que le monde
« politique. *Mes conciles* eussent été
« les représentations de la chrétienté :
« les papes n'en eussent été que les
« présidens... » Après toutes ces me-
sures, il part pour la Saxe où les armées russes et prussiennes ont pris une
attitude menaçante. Deux cent mille
conscrits, qui l'y ont précédé, ont
glorieusement ouvert la campagne par
deux combats, sous Ney à Weissem-
feld, et sous Souham et Kellermann,
au défilé de Rippach.

Une tentative, que fit le général
russe Wingenstein pour pénétrer avec
son corps d'armée sur nos derrières,

occasiona la bataille de Lutzen. Insensiblement toutes les masses ennemies s'engagèrent pour le soutenir, et nous forcèrent également à engager toutes nos forces. Le feu ne tarda pas à devenir terrible. « Ce n'est rien, mes enfans, « disait l'empereur à ses jeunes sol- « dats, en soutenant de son cheval en « travers le troisième rang de l'infan- « terie; tenez ferme... Quand on ne « craint pas la mort, on l'a fait ren- « trer dans les rangs ennemis. » Le courage de tous nos généraux et surtout de Ney, *le brave des braves*, contribue aussi puissamment à notre victoire. Elle coûte à l'ennemi vingt mille tués ou blessés, mais peu de prisonniers, et rouvre à nos troupes les portes de Dresde. Napoléon en sort le 18, livre en quelques jours les deux célèbres combats de Bautzen et de Wurtschem, tous deux glorieux pour nos armes, mais le dernier chèrement payés par la mort du grand maréchal Duroc. Dès le commencement de la campagne, Bes-

sières avait été frappé du coup mortel,
Ces deux pertes furent vivement sen-
ties par l'empereur.

On signe, le 4 juin, une suspension
d'armes qui doit s'étendre jusqu'au 20
juillet, mais que l'on prorogera jusqu'au 10 août. Quelques jours après
qu'elle est expirée, nos troupes sont
assaillies par les armées russes et prussiennes, renforcées de la coopération
de la Suède, et de l'Autriche; elles
reculent d'abord. Oudinot est défait,
près de Berlin, par Bernadotte, son
ancien frère d'armes. Gouvion Saint-
Cyr va être accablé dans Dresde par
des masses innombrables. Napoléon le
joint le 26, après avoir fait avec ses
soldats plus de quarante lieues en
moins de trois jours. Dès le lendemain
il attaque l'ennemi, le bat, quoiqu'a-
vec des forces fort inférieures, et lui
fait, sans cavalerie, vingt mille prisonniers. Par cette victoire, fruit des
plus brillantes combinaisons du génie,
Napoléon a reconquis, momentané-

ment au moins, son ascendant sur
l'Allemagne : l'empereur François im-
plore *son cher fils* ; il le supplie au
nom de *sa très-chère fille, dont il est
l'époux, de ne pas le perdre entièrement, de se réconcilier avec lui.* Malheureusement le repentir du monarque autrichien ne doit durer qu'autant
que la fortune nous favorisera ; et les revers ne tardent pas à suivre. Macdonald, trop faible contre l'armée de
Bernadotte, est battu en Silésie ; Van-
damme et sept mille hommes sont faits
prisonniers dans les défilés de la Bohême ; Davoust rétrograde vers la Stek-
nich, et Ney est écrasé sur la route
de Berlin. Raffermies par ces succès,
les puissances coalisées renouvellent
dans Tœplitz leur redoutable alliance,
à laquelle la Bavière doit prochaine-
ment accéder.

Napoléon n'est point abattu ; il ose
compter, pour relever sa fortune, sur
la puissance de son génie et le courage
de ses soldats. Il engage le 17 la trop

fameuse bataille de Leipsig. Pendant trois jours il soutient le choc des masses confédérées, malgré leur grande supériorité numérique, et le troisième il se voit sur le point d'en triompher entièrement, lorsque les Saxons et plusieurs régimens wurtembergeois, passant de nos rangs dans ceux de nos ennemis, lui arrachent la victoire. Nous conservons néanmoins jusqu'à la nuit notre champ de bataille. Le lendemain, après notre retraite, une partie de notre arrière-garde nous est enlevée. Cette retraite, qui s'est d'abord exécutée avec assez d'ensemble, devient tumultueuse au défilé de Lindenau : la rupture prématurée du pont de ce nom ajoute encore à son désordre. Plusieurs de nos divisions, toute notre artillerie, tombent derrière l'Elster, au pouvoir de l'ennemi. Une foule de nos braves essaient de traverser ce fleuve à la nage : la plupart périssent dans les flots. Du nombre de ces derniers est l'illustre

Poniatowski, qui a voulu réserver pour des blessés, une barque qu'on lui offrait.

Pourtant notre armée, quoique excessivement affaiblie, conserve encore assez de vigueur pour écraser, sous les murs d'Hanau un corps austro - bavarois, à la tête duquel de Wrède essaie de lui fermer la route de la patrie. Malheureusement elle n'a échappé au fer de l'ennemi que pour éprouver derrière le Rhin, au sein de la France, les atteintes d'une contagion encore plus meurtrière. Telle fut l'issue de la campagne de Saxe qui, dit Napoléon « fut le triomphe du cou-
« rage inné dans la jeunesse française ;
« celui de l'intrigue et de l'astuce dans
« la diplomatie anglaise ; celui de l'es-
« prit chez les Russes ; celui de l'im-
« pudeur dans le cabinet autrichien.»

Nos revers se continuent en Allemagne, lors même que la masse de nos troupes en est sortie. Gouvion Saint-Cyr, qui a livré Dresde, à condition qu'il lui serait permis de se retirer au-delà du Rhin avec vingt-trois mille hommes qu'il a sous ses ordres, se voit, ainsi qu'eux, retenir prisonnier par un ennemi peu scrupuleux sur le maintien de la foi jurée. Le Danemarck, jusqu'alors notre fidèle allié, est entraîné, quoiqu'à regret, dans le cours du torrent qui déborde du nord vers nos frontières; Davoust se trouve bloqué dans Hambourg; la Hollande, occupée, en grande partie, abandonne notre cause que la fortune a cessé de favoriser. En Espagne, le courage de nos troupes ne lutte déjà plus contre des forces trop supérieures, que sur les limites de notre territoire. Il n'y a que l'Italie, où l'éclat de notre fortune, cette fortune vieille de vingt-quatre années de faveur continues, n'ait point pâli encore.

C'est alors que Napoléon se détermine à renvoyer à Madrid Ferdinand VII, comptant fermer au moins un des cratères de ce volcan européen, qui menace d'engloutir la France dans son embrasement. Mais il croit à tort apaiser l'Espagne, en lui rendant son monarque. Par une autre détermination d'une politique non moins tardive, il cherche à s'assurer la fidélité de l'Italie, en lui renvoyant son pape.

Il se croit sans doute tenu à moins de ménagemens envers la France. Il ne craint point de la blesser par les actes les plus arbitraires : on l'a vu casser, de sa tente, la décision d'un juri; bientôt il proroge inconstitutionnellement, par un décret, les pouvoirs d'une série sortante du corps législatif; il impose à la France un surcroît d'impositions sans le concours de cette assemblée; enfin, il la supprime tout-à-fait, lorsqu'elle s'avise, un peu tard, il est vrai, de réclamer pour la nation *le libre exercice des droits politiques. Lui seul*, dit-il, dans cette occasion, *est le représentant du peuple.* Cependant les princes confédérés qui, d'abord proposaient à leur ennemi de ren

fermer la France dans ses limites na-
turelles, veulent maintenant la réduire
à son ancienne étendue. Leurs troupes déjà débouchent par la Suisse
avec le consentement secret de l'aristocratie de Berne : les Autrichiens doivent, avant la fin de l'année, entrer
dans Genève, et les Prussiens passer
le Rhin de Coblentz à Manheim. Bientôt, un million d'hommes de toutes les
nations fouleront le sol de la France,
qui n'aura à lui en opposer qu'un peu
plus de la dixième partie de ce nombre,
épars dans son vaste contour. Napoléon,
après avoir laissé encore une fois à son
épouse la régence de l'empire, et à son
frère Joseph le commandement militaire de sa capitale, après avoir recom-
mandé aux bataillons de la garde nationale les intérêts de sa dynastie, en
leur disant : « Vous m'avez élu ; je suis
« votre ouvrage, » part pour se mettre
à la tête de son armée. Sa position est
des plus critiques. Dantzig, après une
héroïque résistance, a capitulé. Murat,

qui l'a fait roi, l'abandonne et prête le secours de ses armes à ses ennemis; son génie a maintenant à combattre contre la fortune, prodigue envers lui de revers comme elle le fut naguère de faveurs, mais il n'est pas au-dessous d'une telle lutte. Dès les premiers jours de février, il reprend Saint-Dizier, triomphe à Brienne, est contraint un instant de céder au nombre à la Rothière, mais recommence bientôt une série de victoires qui ne doit pas de long — temps être interrompue. Les Russes sont successivement écrasés à Champ-Aubert et à Mont-Mirail; le 14, les Prussiens, commandés par Blücher, éprouvent le même sort dans les plaines de Vaux-Champs; deux jours après, à trente lieues de là et près de Nangis, les Autrichiens sont atteints et battus par nos colonnes rapides, comme le génie du chef qui les guide. La victoire se continue le lendemain à Montereau, dont les habitans secondent nos soldats du haut de leurs toits;

puis, quelques jours après, à Méry-
sur-Seine. La terreur est entrée au conseil des coalisés ; ils se déterminent à la
retraite ; Bernadotte reçoit l'ordre de
s'arrêter dans les environs de Liége,
avec ses légions. L'empereur Alexandre veut qu'on fasse la paix à tout
prix : son inquiétude est si vive qu'il
s'écrie à plusieurs reprises que *sa tête
en grisonnera.*

Jamais Napoléon n'a été plus admi-
rable, par les combinaisons stratégi-
ques, par l'activité, par le courage.
Malheureusement ses principaux lieutenans ne sont plus tous dignes de lui.
« Ce n'étaient plus, ainsi qu'il le dit
« lui-même, ceux du début de notre
« révolution. Il les avait gorgés de ri-
« chesses, et désormais, ils ne vou-
« laient que du repos. Le feu sacré
« était éteint. Ils eussent voulu être
« des maréchaux de Louis XV. » Ce
fut à la mollesse de l'un d'eux autant
qu'à la protection qu'ils trouvèrent
derrière la Seine, que les deux souve-

rains de Russie et de Prusse durent, avec la majeure partie de l'armée autrichienne, de ne pas tomber entre nos mains, après la victoire de Montereau. Ce fut encore le peu de résistance de deux autres de nos généraux, qui nous fit perdre les places importantes de la Fère et de Soissons, également importantes, la première par son riche matériel, l'autre parce qu'elle formait un point de jonction entre deux des principaux corps de l'armée ennemie.

Napoléon, cependant, triomphe à Craône, le 7 mars; à Reims, les 13 et 14; à Arcis-sur-Aube, les 20 et 21. La jonction du corps d'armée que commande Macdonald, ayant porté à quarante-huit mille hommes, les forces dont il dispose, il s'avance vers Saint-Dizier et écrase, sur sa route, l'arrière-garde de l'armée ennemie. « Il avait, « dit-il, l'intention de continuer vers « le Rhin, se renforçant de toutes les « garnisons, s'entourant de toutes les « populations insurgées. » Il comptait sans doute, par là, déterminer la retraite des coalisés, menacés sur leurs derrières; mais quand il sut qu'ils n'en continuaient pas moins leur marche sur sa capitale, il se hâta de voler à son secours : il n'était plus temps. Arrivé le 31, sous les murs, il apprend qu'elle vient de capituler après une résistance courte, mais héroïque de la part du petit nombre de ses défenseurs. Les jeunes gens des écoles d'Alfort et polytechnique, dix mille gardes nationaux, formant la majeure partie de ses habitans, militairement organisés, joints à vingt mille hommes de troupes régulières, ont en vain contraint l'ennemi d'engager toutes ses réserves, et tenu pendant tout un jour. Trahis, en quelque sorte, par la lâcheté de Joseph, par l'incapacité, pour ne pas dire plus, du ministre de la guerre, le généalogiste Clarke, abandonnés de l'impératrice même et de la majorité du ministère, qui se retirèrent derrière la Loire, ils n'eussent pu faire plus. Les

intrigues des courtisans aplanissent
derrière eux une route à l'ennemi qu'ils
repoussent. La patrie qu'ils défendent
est à l'encan, dans les salons, dans les
bureaux et surtout dans le sénat. Ce
corps vil, ce corps pour lequel *un signe est un ordre, qui faisait toujours
plus qu'on ne demandait de lui*, dit
Napoléon, proclame la déchéance du
souverain qu'il a tant adulé ! Il ne
rougit pas de l'accuser d'avoir violé la
constitution d'après laquelle il règne,
lui son complice, et, en quelque sorte,
son instigateur ! Les souverains de
Russie et de Prusse, qui croient voir
dans l'acte du sénat, l'expression du
vœu national, y donnent leur adhésion
et consentent au rétablissement de l'ancienne dynastie, demandée par l'Angleterre. « L'Autriche, dans cette cir-
« constance, fut jouée, trahie ou du
« moins emportée d'assaut, dit un
« écrivain, sur la foi d'un personnage
« de la haute diplomatie... La décla-
« ration d'Alexandre contre Napoléon

« et sa famille a été faite sans que cette
« puissance ait été consultée; et le
« comte d'Artois ne pénétra en France,
« qu'en s'y glissant en dépit du quar-
« tier général autrichien, qui, même,
« lui avait refusé des passe-ports. »
Cependant, Lyon et Bordeaux ont
été livrés, le premier aux Autrichiens
par la mollesse d'Augereau, chargé de
le défendre; le second aux Anglais
par son maire, le comte de Lynch.
Napoléon a dans son génie de quoi résister à ces revers : « Son plan, dit-il,
« était arrêté. Il devait entrer de suite
« dans Paris, à la faveur de l'obscu-
« rité. Le peuple aurait en même
« temps attaqué les alliés dans les mai-
« sons, et ceux-ci ayant à combattre
« contre des troupes qui connaissaient
« les localités, auraient été taillés en
« pièces, contraints d'abandonner la
« ville avec une perte immense. » Mais
ses principaux lieutenans, auxquels on
a fait pressentir qu'ils n'avaient, pour
assurer leur fortune contre les suites de

son naufrage, qu'à la séparerde la sienne, le pressaient d'abdiquer en faveur de son fils. Il se rend néanmoins à leur sollicitation. En y cédant, il s'écrie : « On veut me faire abdiquer en fa« veur du roi de Rome : je le ferai, « puisqu'on le désire, mais ce n'est « pas l'intérêt de la France. » Pour comble d'humiliation, cette abdication conditionnelle est refusée; il l'a faut absolue; il faut que Napoléon consente à exclure son propre fils du trône dont le sénat, sa créature, l'a exclu lui-même. Il est à croire qu'il ne serait pas soumis à cette dure nécessité sans l'abandon du maréchal Marmont, qui trop sensible à un reproche injuste que lui adresse l'empereur, au sujet de la capitulation de Paris qu'il a consentie, ne craint pas de compromettre sa gloire, en livrant et en découvrant à ses ennemis son bienfaiteur, celui qui a soigné son éducation militaire et son avancement avec la *sollicitude d'un père.* Napoléon est bien contraint alors de donner son abdication comme on la lui demande ; il renonce pour lui et sa postérité aux trônes de France et d'Italie : « Parce qu'il n'est, dit-il, « aucun sacrifice qu'il ne soit prêt à « faire à l'intérêt de la France. » C'est après avoir signé cet acte, dans la nuit du 11 au 12 avril, qu'on prétend qu'il tenta de s'empoisonner ; mais l'opinion qu'il eut toujours sur le suicide avant et après cette époque, nous autorise à douter au moins de la vérité de cette tentative. « Il était suffoqué, blessé « dans ses affections les plus chères, « dit à ce sujet son dernier médecin, « le docteur Antomarchi ; il eut un « débordement de bile affreux. » Voilà ce qui explique les vomissemens de cette nuit fatale, dont nous ne nions point la réalité.

Il formait d'ailleurs dès-lors, ainsi qu'il l'a lui-même révélé depuis, le projet de ressaisir le sceptre de la France, si ceux auxquels il l'abandonnait, étaient assez maladroits pour ramener avec eux de l'exil cette foule d'abus odieux qui les y avaient conduits.

On donna à Napoléon, en échange de son grand empire, la très-petite île d'Elbe qu'il y avait annexée treize ans auparavant. Il conserva le titre d'empereur; et des pensions graduelles, assez considérables, si elles avaient été exactement payées, furent allouées non-seulement à lui, mais encore aux membres de sa famille. Telles furent les principales dispositions du traité de Fontainebleau, négocié par quelques amis de Napoléon, demeurés fidèles à sa personne encore plus qu'à sa fortune. Le 20 avril, il descendit dans les cours où les bataillons de sa garde attendaient, dans l'attitude de la douleur, sa dernière revue. « Soldats de « ma vieille garde! leur dit-il, d'une « voix émue, je vous fais mes adieux... « Depuis vingt ans je suis content de « vous : je vous ai toujours trouvés « dans le chemin de la gloire.

« Avec vous et les braves qui me

« sont restés fidèles , j'aurais pu entre-
« tenir la guerre civile pendant trois
« ans, mais la France eût été malheu-
« reuse.

« Soyez fidèles au nouveau roi que
« la France s'est choisi; n'abandonnez
« pas notre chère patrie ; aimez - la
« toujours ; aimez-la bien cette chère
« patrie !

« Ne plaignez pas mon sort ; je serai
« toujours heureux , quand je saurai
« que vous l'êtes.

« J'aurais pu mourir ; rien ne m'eût
« été plus facile , mais je suivrai sans
« cesse le chemin de l'honneur ; j'ai
« encore à écrire ce que nous avons
« fait.

« Je ne puis vous embrasser tous,
« mais j'embrasserai votre général....
« Venez, général, que je vous em-
« brasse (il serre dans ses bras le gé-
« néral Petit)... Qu'on m'apporte l'ai-
« gle ! Cher aigle ! que ces baisers re-
« tentissent dans le cœur de tous les
« braves !... Adieu , mes enfans ! mes

« vœux vous accompagneront tou-
« jours ; conservez mon souvenir. »

Il ne peut obtenir d'embrasser avant
son départ, ni son épouse, ni son fils,
qui, lui promet-on, l'iront joindre,
mais qu'il a vus pour toujours. Quatre
cents de ses braves seulement doivent
le suivre, ils formeront sa garde.
Drouot, Cambronne, Bertrand, et
quelques autres, déclarent qu'ils ne
veulent point séparer leur sort de celui de leur chef, et obtiennent des souverains alliés la faveur de partager son
exil. La colonie impériale s'embarque
pour sa destination, sur un bâtiment
anglais, au mouillage de Saint - Cé-
phan.

Les ministres et les autres agens du
nouveau gouvernement, mécontentè-
rent dès leur début les classes les plus
influentes de la nation : l'armée, en
laissant ravaler ses triomphes passés,
par des écrivains mercenaires, et en
lui enlevant quelques-uns de ses chefs
pour les remplacer par des hommes

qui n'avaient pas porté les armes, ou ne les avaient portées que contre elle dans les rangs de l'émigration et de l'étranger; la classe moyenne, en n'appelant point le peuple à coopérer, par ses représentans, à la confection de la constitution royale; les acquéreurs de biens nationaux, en les laissant, dans des écrits et même dans des discours, inquiéter sur la validité des ventes qui fondaient leurs propriétés; les habitans des campagnes, en tolérant des prétentions nobiliaires capables de faire craindre le retour de la tyrannie féodale, et les citoyens des cultes dissidens, en laissant agiter, par quelques fanatiques, les torches de l'intolérance, et tout cela, malgré les garanties proclamées par la déclaration de Saint-Ouen et consacrées dans la Charte.

Pendant ce temps, Napoléon remuait tout au sein de sa domination nouvelle. Il faisait ouvrir des routes, défricher des landes, creuser des aquedues, construire des fontaines; en un mot, ses pensées semblaient entièrement absorbées par le soin de la prospérité agricole de son île, lorsqu'il apprend que la France est agitée et disposée à un mouvement insurrectionnel; qu'on y parle de république, ou d'un nouveau roi; qu'on nomme Eugène Il ne doute point que le temps de reconquérir son ancienne puissance ne soit venu. Le 26 février, à une heure après-midi, il fait prévenir sa garde, accrue par des débarquemens journaliers, jusqu'à onze cents hommes, de se tenir prêts au départ. Il la fait embarquer sur quatre bâtimens, vers huit heures du soir. Ces vieux guerriers ignorent la destination; mais avec un guide tel que Napoléon, ils sont tranquilles. Enfin, l'empereur leur apprend qu'ils *vont à Paris*, qu'ils *vont en France*; et le cri de *vive la France! vivent les Français!* est proféré avec enthousiasme. La petite escadre, après avoir trompé la surveillance de la croisière anglaise, débarque, le 1er mars, dans le golfe Juan, tout proche de Cannes, la poignée de braves qu'elle a portée. Napoléon détache aussitôt, pour insurger la garnison d'Antibes, vingt-cinq hommes, que le gouverneur de cette place fait prisonniers. Cet échec, le seul qui doit signaler sa route jusqu'à Paris, n'influença en rien sur la réussite de son entreprise.

Il adresse ensuite au peuple et à l'armée, d'adroites proclamations : « Soldats, dit-il à celle-ci ; dans mon exil, « j'ai entendu votre voix.... Votre gé« néral, appelé au trône par le choix « du peuple, et élevé sur vos pavois, « vous est rendu....

« Les vétérans des armées de Sambre« et-Meuse, du Rhin, d'Italie, d'Égyp« te, de l'Ouest et de la grande-armée, « sont humiliés ; leurs honorables ci« catrices sont flétries.....

« Soldats ! venez vous ranger sous « les drapeaux de votre chef : son exis« tence ne se compose que de la vôtre ;

« ses droits ne sont que ceux du peuple
« et les vôtres : son intérêt, son hon-
« neur, sa gloire, ne sont autres que
« votre intérêt, votre honneur et votre
« gloire..... Alors vous pourrez mon-
« trer avec honneur vos cicatrices :
« alors vous pourrez vous vanter de ce
« que vous aurez fait.

« Dans votre vieillesse, vous pour-
« rez dire avec orgueil : et moi aussi,
« je faisais partie de cette grande-ar-
« mée qui est entrée deux fois dans les
« murs de Vienne, dans ceux de Ro-
« me, de Berlin, de Madrid, de Mos-
« cow.... »

L'accueil que Napoléon reçut des
premières populations qu'il rencontra,
lui parut un présage assuré de son
triomphe. « Vos sentimens, dit-il aux
« paysans dauphinois qui lui propo-
« saient de l'accompagner, me font
« reconnaître que je ne me suis pas
« trompé : ils sont pour moi un sûr
« garant des sentimens de mes soldats.
« Ceux que je rencontrerai se range-

« ront de mon côté. Plus ils seront,
« plus mon succès sera assuré. » Effec-
tivement, huit cents hommes en-
voyés contre lui, de Grenoble, ne tar-
dèrent pas à renforcer sa petite troupe.
Ils avaient paru hésiter d'abord, con-
tenus par leur chef. Mais quand Napoléon, suivi de ses vieux grenadiers,
portant leurs armes renversées, se fut
approché et qu'il leur eut dit : « Eh
« quoi ! mes amis, vous ne me recon-
« naissez pas ? Je suis votre empereur.
« S'il est parmi vous un seul soldat
« qui veuille tuer son empereur, il le
« peut ! Le cri de *vive l'Empereur* avait
« été leur réponse. » Un peu plus loin
un aide-de-camp vint annoncer que
le jeune colonel Labédoyère s'était dé-
taché de la division de Grenoble, et
venait au pas accéléré à la rencontre
de l'empereur. A l'approche de la co-
lonne impériale, les murs de cette ville
retentirent d'acclamations enthousias-
tes, mais les portes en étaient fer-
mées. On les en fonça sans que la gar-

nison y mît le moindre obstacle.
Napoléon reçoit le même accueil à
Bourgoing, à Lyon, à Auxerre, sur
toute sa route, et arrive dans la soirée
du 20 mars, sans avoir brûlé une
amorce, sous les murs de Paris, d'où
le roi est déjà parti. Il y fait aussitôt
son entrée. La France entière rentre
bientôt sous ses lois. La duchesse d'An-
goulême essaie vainement de tenir
dans Bordeaux, où elle montre pourtant du caractère et de la résolution.
Son époux, abandonné au pont Saint-
Esprit par les troupes qui l'y ont
accompagné, ne doit la liberté et peut-
être la vie qu'à la modération du vainqueur. Quelques conseillers de Napoléon, voulaient, dit-on, le porter à
prendre contre ce prince, une résolution violente : «Non, répondit-il; je
« veux pouvoir me vanter d'avoir re-
« conquis mon trône, sans qu'une
« goutte de sang ait été versée. »
Que de bassesses lui dévoilèrent ces
premiers jours! Que d'adresses hypo-

crites, protestantes les unes de la fidélité la plus inviolable à la royauté en
fuite, les autres, de la soumission la
plus absolue au pouvoir impérial, arrivèrent simultanément aux Tuileries,
revêtues des mêmes signatures! Des
papiers, laissés sur une table par le roi,
mirent en outre au jour bien de l'in-
gratitude. «Sa première pensée fut,
« dit-il, de faire imprimer ces pièces,
« et de retirer ses bienfaits à leurs au-
« teurs; » mais il ne persista point
dans cette résolution qui, de son propre avis, eût pu le préserver de bien
des trames.

Napoléon avait rapporté de l'île
d'Elbe, son faible pour les grands
seigneurs d'autrefois : «Il lui en fallait
« à tout prix, dit un de ses secrétaires
« (le baron Fleury de Chaboulon);
« s'il n'eût point été entouré de l'an-
« cienne noblesse, il se serait cru au
« milieu de la république.» Il les éleva
aux principaux emplois, quoique dans
les premiers jours de son retour, il eût

affecté de les repousser : « Ce sont les
« gens désintéressés qui m'ont ramené :
« ce sont les sous-lieutenans et les sol-
« dats qui ont tout fait : c'est au peuple
« que je dois tout. » On lui avait même
entendu dire alors : « Je sens qu'il y a
« du plaisir et de la gloire à rendre un
« grand peuple libre et heureux. Je
« donnerai à la France des garanties. Je
« ne lui avais point épargné la gloire,
« *je ne lui épargnerai point la liberté.* »
Il avait eu le bon esprit de renoncer
dans ses lettres familières à cette for-
mule : *sur ce, je prie Dieu qu'il vous
ait en sa sainte et digne garde*, en disant : « Il faut laisser toutes les anti-
quailles aux rois par la grâce de Dieu. »
Carnot, qu'il avait appelé au ministère
de l'intérieur, aurait voulu qu'il eût
poussé plus loin la réforme. « Les Fran-
« çais, lui écrivait-il, sont devenus
« un peuple libre. Ce nom de sujets
« que vous leur donnez, les blesse et
« les offusque. Appelez-les citoyens,
« où nommez-les vos enfans. Ne souf-

« frez point non plus qu'on appelle
« *monseigneur*, vos ministres, vos ma-
« réchaux, vos grands-officiers; il n'y
« a pas de *seigneurs* dans un pays où
« l'égalité fait la base des lois; il n'y a
« que des citoyens.» Mais déjà Napoléon s'était alarmé de l'esprit patriotique qu'il avait lui-même excité. Au
lieu de faire *concourir les représentans*
de la nation à la formation d'un pacte
de famille qui conservât à jamais la li-
berté et les droits de tous les Français;
au lieu de *proposer une constitution*
inviolable qui fût l'ouvrage du peuple
et de lui, il donna un acte additionnel
aux constitutions de l'empire. Cet acte
qui, il est vrai, fut présenté à l'acceptation du peuple, mais non pas, ainsi
qu'on devait s'y attendre, soumis à la
discussion de *ses représentans,* établis-
sait, en opposition à la chambre des
communes, une pairie héréditaire. Il
fut généralement improuvé moins au
fond encore, que relativement à la
forme dans laquelle il avait été donné.

La chambre des communes fut en conséquence composée dans un esprit d'opposition, et en quelque sorte républicain. Celle des pairs, quoique formée par Napoléon lui-même, comptait aussi beaucoup d'hommes populaires, et se montrait animée des mêmes sentimens, mais à un moindre degré. Pour en prévenir l'éclat et ramener à lui l'opinion, Napoléon convoque, sous le nom de *Champ-de-Mai*, une assemblée d'électeurs des députés, des gardes nationales et de l'armée, qui rappelle par la forme et par l'intention, plus que par l'enthousiasme, la grande fête de la fédération nationale célébrée de même, dans le Champ-de-Mars, vingt-cinq ans auparavant. Le langage qu'il y tient est tout populaire. « Empereur, « consul, soldat, s'écrie-t-il, je tiens « tout du peuple. Dans la prospérité, « dans l'adversité, sur le champ de « bataille, au conseil, sur le trône, « dans l'exil, la France a été l'objet « unique de mes pensées et de mes ac-

« tions. Français! ma volonté est celle
« du peuple; mes droits sont les siens;
« mon honneur, ma gloire, mon bon-
« heur, ne peuvent être autres que
« l'honneur, la gloire et le bonheur
« de la France. » Mais ou ne pallie
pas, par des paroles, les actes qui ont
blessé une nation éclairée; celles de
l'empereur ne font qu'une faible im-
pression, parce que sa conduite semble
n'y point répondre. Peut-être la nation se défie-t-elle trop des intentions
de son chef, mais assurément ce chef
redoute à tort son exaltation. L'ora-
teur des électeurs a terminé sa haran-
gue par ce triple cri : *Vive la nation!
vive la Liberté! vive l'empereur!* C'en
est assez pour alarmer son despotisme.
Aussi, « sous prétexte que le nombre
« des fusils n'est pas suffisant, dit celui
« de ses secrétaires que nous avons
« déjà cité, il ne fit donner des armes
« qu'aux fédérés de service, en sorte
« qu'elles passaient journellement de
« mains en mains, et ne restaient par

« conséquent en la possession de per-
« sonne. » Cela fit qu'il ne fut pas
si énergiquement appuyé du peuple.
Il n'ignorait pourtant pas le parti
qu'il en aurait pu retirer. « Si je met-
« tais le bonnet rouge, disait-il à ses
« confidens, en parlant des souverains
« coalisés, ils seraient tous perdus.» Il
n'était pas besoin de mettre le bonnet
rouge, mais de seconder l'élan de l'esprit
patriotique, au lieu de le comprimer.

Cependant la France qui, au 20
mars, eût à peine pu réunir quatrevingt mille combattans, en comptait,
vers la fin de mai, cinq cent cinquante-
neuf mille, dont deux cent dix-sept
mille presque sous les armes, habillés
et instruits. Au 1er octobre, elle pouvait avoir un état militaire de huit à
neuf cent mille soldats. C'était sur ces
données qu'il fallait établir un plan de
campagne. La nuit même de son retour, Napoléon avait délibéré, « si,
« avec trente-six mille hommes, les
« seules troupes qu'il pût réunir dans

« le nord, il commencerait les hosti-
« lités, le 1er avril, en marchant sur
« Bruxelles, et réunirait l'armée belge
« sous ses drapeaux. » Mais il n'avait
pas osé entreprendre d'exécuter ce plan
d'une grande hardiesse, et, par cela
même, convenable à sa position, parce
que, dit-il, « la France, qui voulait
« la paix, aurait blâmé hautement un
« mouvement offensif prématuré. » Il
ne s'arrêta pas davantage au projet de
demeurer sur la défensive, laissant
les alliés prendre sur eux tout l'odieux
de l'agression. La déclaration du con-
grès de Vienne ne laissant plus de
doute sur l'intention définitive des
puissances étrangères, il accueillit un
troisième plan, qui consistait à attaquer avec cent quarante mille combattans, que nous pouvions réunir sur
la frontière du nord, les deux armées
anglo-hollandaise et saxo-prussienne,
fortes ensemble de deux cent mille
hommes, mais qu'on pouvait battre
séparément. Il partit en conséquence,

le 12 juin, pour se mettre à la tête de
ses troupes.

Exposons maintenant les motifs qui
déterminèrent toutes les puissances de
l'Europe, à l'exception d'une seule (la
Suède), à rentrer dans l'arène des
combats avec leur ancien vainqueur.
L'Angleterre y fut portée par sa vieille
haine, avant même que les autres États
se fussent déclarés; elle avait fomenté
et soutenu dans la Vendée des mouvemens insurrectionnels, que les généraux Travot et Lamarque finissaient
d'éteindre. L'empereur de Russie y
fut, prétend-on, entraîné par le res-
sentiment de propos piquans attribués
à son ancien ami de Tilsitt; la Prusse
et les autres États de l'Allemagne s'y
trouvaient poussés par la Russie et at-
tirés par l'Autriche; l'Espagne et la
cour de Rome, par esprit de ven-
geance et par faiblesse; le Portugal,
par dépendance de l'Angleterre, et les
petits États d'Italie par dépendance de
l'Autriche. Quant à l'Autriche, elle

avait paru d'abord ne mettre d'autre prix à sa neutralité que la garantie des possessions d'Italie; mais l'irruption intempestive qu'y fit Murat, que le repentir ou la nécessité ramenait à la cause de Napoléon, changea bien ces dispositions pacifiques, parce qu'elle s'imagina que Murat n'agissait que par l'inspiration de son beau-frère.

« Pourtant, dit Napoléon, j'avais dé-
« fendu à Murat d'agir, mais cet in-
« sensé s'avança en Italie et fut dis-
« persé comme la plume... Metternich
« dit : ah! l'empereur est toujours le
« même, un homme de fer; le tour
« qu'il a fait à l'île d'Elbe ne l'a point
« changé; rien ne pourra le corriger :
« tout ou rien, voilà sa devise. L'Au-
« triche se joignit à la coalition, et ma
« perte fut consommée. Sans cette té-
« mérité de Murat, les Russes se se-
« raient retirés, les Anglais fussent
« restés seuls et auraient été enchantés
« de faire la paix. »

Cependant la composition libérale

de deux chambres excitait de plus en plus l'inquiétude de l'empereur. Elles s'empressaient trop, à son gré, de s'occuper des lois organiques qui devaient être le complément de la constitution nouvelle. Sur le point de partir, il se présente devant elles : « N'imitons pas, « dit-il à celle des communes, l'exem- « ple des Grecs du Bas - Empire, qui, « pressé de tous côtés par les Barbares, « se rendit la risée de la postérité, en « s'occupant de discussions abstraites « au moment où le bélier frappait les « portes de la ville. » C'était deman- der, ou plutôt commander une trève entre les intérêts du pouvoir et ceux de la liberté publique.

Arrivé sur la frontière le 14 juin, Napoléon réveille habilement dans l'âme de ses soldats le mépris ou la haine des ennemis divers qu'ils ont en présence : « A Jéna, leur dit-il, contre « ces mêmes Prussiens aujourd'hui si « arrogans, vous étiez un contre trois; « à Montmirail, un contre six ! Que

« ceux d'entre vous qui ont été pri-
« sonniers des Anglais vous fassent le
« récit de leurs pontons et des maux
« horribles qu'ils y ont soufferts. » Dans
la nuit même, il s'avança contre l'ennemi, qu'il aurait surpris sans la trahison d'un de ses généraux, chef
d'état-major. Néanmoins, le 15 au
matin, nos troupes entrent dans Charleroi, pêle-mêle avec les Prussiens
qu'elles mènent battant devant elles,
tandis qu'un autre corps de notre armée rend encore une fois les hauteurs
de Fleurus, témoins de la supériorité
de nos armes.

Le lendemain, dès la pointe du jour,
l'empereur attaque de front l'armée
prussienne postée sur les hauteurs de
Bry et de Sombref; et, ayant au milieu d'elle le village de Ligny, il la
culbute malgré une résistance opi-
niâtre. Le courage de nos soldats tient
de la fureur. *Des cartouches et des
Prussiens*, demandait à grands cris la
brigade du général Gérard, à laquelle

les munitions manquèrent un instant. Le général en chef de l'armée ennemie, le feld-maréchal Blücher, faillit être pris. Le prince régnant de Brunswich fut tué, et vingt-cinq mille Prussiens jonchèrent le champ de bataille. Quarante canons, plusieurs drapeaux, mais peu de prisonniers, furent les trophées de notre victoire. Elle eut été plus complète, si Ney, que l'empereur avait chargé de culbuter, avec quarante-trois mille hommes, un poste plus faible d'Anglais-Hollandais établi au Quatre-Bras, et de retomber ensuite sur les derrières de l'armée ennemie, avait exécuté cet ordre avec son activité accoutumée. Dans ce cas, « le sort de la guerre était décidé, se- « lon Napoléon; il ne se serait pas « échappé un seul canon de l'armée « prussienne. »

Le lendemain de la victoire, à la pointe du jour, l'empereur voulait attaquer l'armée anglaise. Une assez longue hésitation, due à trop de condescendance pour l'avis du plus grand nombre de ses généraux, qui objectaient l'excessive fatigue de nos soldats, firent qu'il ne put arriver en présence de l'ennemi que vers six heures du soir. Il était trop tard pour engager une bataille. « Que ne don« nerai-je pas, dit Napoléon en con-« sidérant le soleil, pour avoir au-« jourd'hui le pouvoir de Josué, et « retarder sa marche de deux heures. » Il craignait que le généralissime anglais (Wellington) ne profitât de la nuit pour se retirer sous Bruxelles; mais celui-ci ayant appris que Blücher, grâce à la lenteur du maréchal Grouchy, mis par l'empereur, avec trente-quatre mille hommes et cent huit canons, à sa poursuite, serait le lendemain en mesure de le soutenir, garda ses positions sur les hauteurs du mont St-Jean. Ces positions n'étaient cependant rien moins qu'habilement choisies. La forêt de Soignes à laquelle elles s'appuyaient, ne communiquait avec

Bruxelles que par des défilés, et elles étaient par conséquent sans retraite. En sorte que si les Français eussent pu attaquer dès la pointe du jour (ce qu'ils auraient fait sans le mauvais état où se trouvaient les chemins par suite d'une pluie abondante qui avait tombé durant toute la nuit), l'armée anglaise n'eût pas été secourue ; Blücher fût arrivé trop tard sur le champ de bataille : « Qu'on se figure, dit Napo- « léon, la contenance du peuple de « Londres, en apprenant la catastro- « phe de son armée, et que l'on avait « prodigué le plus pur de son sang « pour soutenir la cause des rois con- « tre celle des peuples, du privilége « contre l'égalité, des oligarques con- « tre les libéraux, des principes de la « sainte-alliance contre ceux de la sou- « veraineté du peuple. » La bataille s'engagea vers midi. La valeur anglaise ne put d'abord résister à l'impétuosité de nos troupes dont le courage ordi- naire se trouvait accru encore par l'enthousiasme de la cause qu'elles défendaient. Déjà elles avaient conquis la plus grande partie du champ de bataille, et l'empereur s'était écrié à plusieurs reprises : *Ils sont à nous, je les tiens*, lorsque tout à coup l'avant-garde de l'armée prussienne, commandée par le général Bulow, apparut. « Nous avions ce matin quatre-vingt-« dix chances pour nous, dit l'em-« pereur à son major-général (le ma-« réchal Soult) ; l'arrivée de Bulow « nous en a fait perdre trente ; il nous « en reste encore soixante contre qua-« rante. »

Malheureusement Grouchy, auquel l'empereur avait fait dire le matin de rabattre sur mont Saint-Jean le plus promptement qu'il lui serait possible, après avoir culbuté le corps prussien qu'il devait avoir en tête vers Waivres, n'exécuta ni l'un ni l'autre de ces deux ordres, soit lenteur, soit comme il l'a prétendu, qu'ils ne lui fussent pas parvenus à temps *, trente-quatre mille hommes de notre armée et une nombreuse artillerie se trouvèrent ainsi inutilisés, tandis que l'ennemi avait réuni toutes ses forces déjà fort supérieures à la totalité des nôtres. Pour surcroît d'infortune, la division de grosse cavalerie de la garde s'engagea sans ordre, par trop d'ardeur, en sorte que l'empereur se trouva dès cinq heures privé de sa réserve, *de cette réserve qui, bien employée, lui avait, dit-il, tant de fois donné la victoire.* Cependant, à sept heures, des cris de victoire se faisaient encore entendre dans nos rangs; Bulow même com-

* « Le maréchal Grouchy, dit Napoléon « dans ses *Mémoires*, a trouvé le secret, qui « paraissait introuvable, de n'être, dans la « journée du 18, ni sur le champ de bataille de Mont-Saint-Jean, ni sur Wavres. « Sa conduite a été aussi imprévoyable, que « si dans sa route son armée eût éprouvé « un tremblement de terre qui l'eût englou- « tie. »

Consulat et Empire.

9

mençait sa retraite, et Wellington
eût opéré la sienne, si les difficultés
de sa position ne l'en eussent empêché.
« Le désordre, dit Blücher, se mettait
« dans les rangs anglais. La perte avait
« été considérable, la réserve avait
« été avancée en ligne, la position du
« duc était des plus critiques, le feu
« de mousqueterie continuait le long
« du front, l'artillerie avait été retirée
« en seconde ligne. » Ce fut alors que le
généralissime prussien arriva avec le
reste de son armée, fort heureusement
pour Wellington. Aussi le prisonnier
de Saint-Hélène devait-il dire sur son
rocher, en songeant au péril que courut
alors le lord anglais : « Oh ! qu'il doit
« une belle chandelle au vieux Blü-
« cher ! sans son arrivée, je ne sais pas
« où serait maintenant sa grâce, comme
« ils l'appellent; mais moi, assurément,
« je ne serais pas ici. »
Malgré l'arrivée de Blücher, nous
pouvions encore balancer, jusqu'au
lendemain, la victoire, et donner à

Grouchy le temps d'arriver enfin, pendant la nuit. Mais le corps posté au village de la Haie-Sainte, au sein duquel on assure que des traîtres proférèrent le cri de *sauve qui peut*, ne tint pas autant qu'il l'aurait dû, eu égard à la circonstance. « Après la trouée « faite par le peu de résistance des « troupes de la Haie, la cavalerie en-« nemie inonda le champ de bataille, « dit Napoléon ; le désordre devint « épouvantable, la nuit l'augmentait et « s'opposait à tout... La garde se mit « en retraite, le feu de l'ennemi était « déjà à quatre cents toises sur les der-« rières... Cavalerie, artillerie, infan-« terie, tout était pêle-mêle. »

On eut beaucoup de peine à arracher l'empereur du champ de bataille : il y voulait *mourir*. Le bataillon carré, au sein duquel il s'était jeté, demeura formé et immobile, même après son départ. Remplis d'admiration, les Anglais le pressent, le supplient presque de se rendre. *Non*, dit Cambrone qui le commande ; *la garde meurt , elle ne se rend pas*. L'immortel bataillon continue sa résistance jusqu'à ce que le feu croisé de batteries anglaises l'ait anéanti.

L'ennemi fit en tués et blessés une perte presque égale à la nôtre ; mais il nous prit soixante-dix canons et six mille de nos soldats.

Napoléon tenta vainement de rallier l'armée à Charleroi. Son frère Jérôme, plus heureux, parvint à réunir vingt-cinq mille hommes sous Avesnes. Il lui ordonna de les diriger sur Laon, et partit pour Paris. Il comptait n'y rester qu'autant de temps qu'il lui en faudrait pour le mettre en état de défense ; mais de nouveaux revers l'attendaient au sein de cette capitale.

Les chambres, mécontentes de l'allure despotique qu'il avait reprise depuis qu'il s'était vu réintégré dans tout son pouvoir, et croyant à la sincérité des cabinets étrangers, qui avaient proclamé ne faire la guerre qu'à lui seul , le pressèrent de donner son abdication. Elles s'imaginaient pouvoir, par cette concession faite aux exigences de nos ennemis, acheter à la France la faculté de se constituer à son gré. Carnot, pour le moins aussi bien intentionné, aussi patriote, aussi républicain même que ceux qui sollicitaient cette mesure, ne put la voir adopter sans répandre des larmes, parce qu'il y voyait le triomphe de l'étranger et l'asservissement de la patrie. Napoléon, quoique sûr encore de la fidélité de l'armée et de l'affection d'une partie du peuple, consentit une seconde fois à se dessaisir de sa couronne en faveur de son fils.

On décréta l'établissement d'un gouvernement provisoire. Il fut pris dans le sein des deux chambres, et composé de l'intègre Carnot, des généraux Caulincourt et Grenier, de l'ex-conventionnel Quinette, et du ministre de la police, Fouché, qui en eut la présidence. L'empire subsistait encore, quoiqu'en tutelle ; nous en continuons donc l'histoire.

Non contentes d'avoir obtenu l'abdication de l'empereur, les chambres exigèrent que, pour ne laisser à l'étranger aucun prétexte de révoquer en doute la sincérité de cet acte et de leurs intentions pacifiques, il s'éloignât aussitôt de la capitale. Le nouveau gouvernement lui donna pour l'escorter jusqu'à Rochefort, le général Béker, et envoya, à deux bâtimens stationnés dans ce port, l'ordre de le recevoir et de le conduire partout où il le désirerait. En vain il offrit de se mettre à la tête des troupes, en qualité de simple général ; de repousser l'ennemi, et, après l'avoir mis hors d'état d'imposer des conditions rigoureuses, de reprendre la route de l'exil. On lui refusa tout.

Les chambres, cependant, doivent être dupes de leur confiance dans la commission exécutive qu'elles ont créée, et qui elle-même le sera de celle qu'elle accorde à son président, l'insidieux Fouché. Disposées à la paix, elles paraissaient néanmoins résolues à ne sacrifier, dans aucun cas, l'indépendance nationale. La chambre des communes, surtout, prenait une attitude énergique et imposante. Un de ses membres, M. Bory de Saint-Vincent, y avait fait entendre le mot de *Vendée républicaine*, et ce mot menaçant avait, dit-on, porté la terreur au camp des coalisés. Elle vota une adresse à l'armée qui, forte encore de soixante-dix mille hommes, se trouvait réunie sous les murs de la capitale. Des commissaires chargés de la lui porter, exaltèrent son courage. L'ennemi, affaibli par ses deux défaites de Fleurus et de Ligny, et par sa victoire même du Mont-Saint-Jean, pouvait trouver, devant Paris, le terme d'une rapide mais éphémère conquête, si Davoust, à la fois ministre de la guerre et généralissime de nos troupes, n'eût laissé échapper, par sa mollesse et son inconcevable irrésolution, l'occasion d'anéantir l'armée prussienne que Blücher avait imprudemment isolée de celle de son collègue, en la transportant prématurément sur l'autre rive de la Seine. Davoust ne songeait déjà plus, comme Grouchy et les principaux chefs militaires, qu'à faire la paix de son pays, afin de faire la sienne. Il fut, après Fouché, celui qui contribua le plus à la capitulation qui mit une seconde fois la France à la discrétion des étrangers. Ceux-ci lui rendirent, il est vrai, l'ancienne dynastie, mais en lui imposant une contribution de près d'un milliard, jusqu'à l'entier acquittement de laquelle ils résolurent d'occuper militairement son territoire.

La réaction la plus désordonnée courut bientôt d'un bout de la France à l'autre. Le maréchal Ney, le jeune colonel Labédoyère, les généraux Chartroin, Mouton-Duvernet, Faucher (frères), sont frappés du plomb mortel, condamnés, le premier par la chambre des pairs, les autres par des commissions militaires. Le maréchal Brune, le général Ramel et d'autres citoyens de tous états, sont assassinés dans le midi, victimes de la fureur d'une populace fanatique.

La France envahie deux fois; toutes ses conquêtes perdues, et quelques-uns de ses anciens remparts cédés à l'étranger; telle fut l'issue de cette carrière de gloire fournie par Napoléon. Si, au 18 brumaire, au lieu de renverser la liberté, il l'eût fondée sur des bases assez fortes pour qu'elle pût résister à sa propre ambition, son gouvernement aurait pu être aussi glorieux, et il eût été certainement plus durable.

FIN.

COLLECTION

DES

MEILLEURS ROMANS FRANÇAIS

ET ÉTRANGERS.

100 VOLUMES FIXES, IN-32,

(PAPIER CAVALIER-VÉLIN)

de 230 pages environ,

IMPRIMÉS PAR FIRMIN DIDOT.

A 1 fr. le vol. pour les souscripteurs, et 1 fr. 25 c. séparément.

Il en paraît exactement un le jeudi de chaque semaine.

La 1re livraison (*Claire d'Albe*) a paru le jeudi, 2 novembre.

OUVRAGES

QUI COMPOSERONT LA COLLECTION.

Ceux marqués d'un astérisque * sont en vente.

HISTOIRE.

* 1. Histoire de France.
* 2. —romaine.
* 3. —ancienne.
  4. —du moyen âge.
  5. — moderne.
  6. —de la Grèce ancienne.
  7. —de la Grèce moderne.
* 8. —d'Angleterre.
* 9. —d'Espagne.
 10. —de Portugal.
*11. —de la Suisse.
 12. —de l'Allemagne.
 13. —de la Russie.
*14. —de la Turquie.
 15. —de Suède, Norwège, Danemarck.
 16. —de la Prusse.
 17. —de la Pologne.
 18. —de l'Italie.
 19. —de Venise.
*20. —des États-Unis.
*21. —des républiques du Nouveau-Monde.
 22. —de la Chine.
*23. —de la révolution française.
*24. —du consulat et de l'empire.
 25. —de la révolution d'Angleterre.
 26. Table chronologique de l'histoire de tous les peuples.
 27. Biographie des hommes célèbres.

SCIENCES.

*28. Élémens de grammaire française.
*29. — de rhétorique française.
 30. — de mythologie.
 31. — de géographie.
*32. Astronomie. 1re p.
*33.   Id.   2e p.
*34. Arithmétique.
 35. Algèbre.
 36. Géométrie.
 37. Logique.
 38. Métaphysique.
 39. Morale.
 40. Art de lever les plans.
 41. Mécanique.
*42. Physique.   1re p.
*43.   Id.   2e p.
*44. Chimie.   1re p.
*45.   Id.   2e p.
 46. Histoire naturelle.
 47. Minéralogie.
*48. Botanique.
 49. Zoologie.
 50. Médecine.

www.ingramcontent.com/pod-product-compliance
Lightning Source LLC
LaVergne TN
LVHW050618060726
842527LV00004B/1093